그대가 걸으면 길이 된다

그대가 걸으면 길이 된다

이 시대 선교적 교회의 모델
'나니와교회 이야기'

김종현 지음

국민북스

※ 이 책은 [기록문화연구소]와 함께 만들었습니다

우리 교회는 아무것도 없는 제로
에서 시작하여 하나님의 은혜로 여기까지 걸어왔다. 하나님께서
인생의 어려운 순간마다 위로와 소망을 주시고 돕는 손길을 붙여
주시고 부족함이 없도록 필요를 채워주셨다. 뒤돌아보면 지금까
지 걸어온 길이 고난과 시련의 연속이었고 가난 속에서도 많은 굶
주린 자들에게 어김없이 밥을 퍼주어야 하는 힘든 세월이었다. 나
는 가난한 자와 함께 사는 삶이 너무 힘들고 무거워 몇 번이고 사
역을 접고 도망치고 싶었다. 나의 한계를 넘어 오늘까지 사역을
이어올 수 있었던 것은 누군가가 날 위해 기도해주고, 도와주고,
힘이 되어주었기 때문이다.

하나님이 맺어주신 '사랑의 집'의 여러 후원자들과 봉사자들이
어려울 때마다 용기를 주고, 고통을 함께 나누어주었기에 우리 교

회가 사역을 이어올 수 있었다. 사랑의 집 운영위원들이 경제적으로 가장 어려울 때 도와줬고, 부족한 나를 인도해주셨다. 우리 교회 건축을 위해 온힘을 기울여주시고 힘에 부치도록 헌금하셨다. 모두 나와 우리 교회의 잊지 못할 은인들이다.

내가 일본에서 목회하는 중 어머니도, 아버지도 하나님의 부르심을 받아 주님의 품에 안겼다. 나에게 신앙을 물려주신 부모님은 내가 일본에 선교사로 간다고 할 때 원치 않으셨지만 하나님의 뜻에 순종하여 보내주셨다. 오늘 내가 일본에서 선교사의 한 길을 걸어 올 수 있었던 것도 부모님의 기도와 후원이 있었기에 가능했다. 선교를 핑계로 부모님을 잘 모시지 못한 것이 지금도 아쉬움으로 남는다. 외로움을 잘 타고 남달리 사랑 받고 싶은 목마름이 강한 나를 위해 하나님께서는 영적 아버지를 붙여주셨다. 쿠보 겐타로 목사님, 후루가와 도미야 목사님은 언제나 나를 아껴주고 사랑해주시는 자상한 영적인 아버지이시고 모리타 유키오 목사님은 나의 든든한 형님으로 어려울 때 마다 나의 마음을 알아주시고 위로해주시며 도와주셨다.

어려울 때, 나와 우리 교회를 늘 기억하며 온 마음과 정성을 다해 도와준 황예레미야 목사님과 청년들은 나에게 큰 위로와 힘이 되었다. "칭찬은 고래도 춤추게 한다"는 말이 있다. 한국 교회의 많은 젊은 목회자들이 나를 격려하고, 높여주고, 우리 교회 사역을 자기 일로 여기며 사랑하고 섬겨주었다. 덕분에 많은 젊은 목회자들과 청년들이 나의 삶과 내가 전한 말씀을 가슴 깊이 새기고 살아 간다고 한다.

책을 출판하게 된 것도 한국의 젊은 목회자들과 청년들의 끈질 긴 요청으로 이루어졌다. 부족한 종이 단기 선교팀으로 우리 교 회에 온 한국 청년 학생들에게 새벽마다 전했던 간증 설교가 은 혜스럽고 나의 삶과 설교를 일생 기억하고 간직해 살고 싶다며 책 을 출판하라는 요청이 오래전부터 있었다. 나는 책을 출판하라는 젊은 목회자들의 요청을 매년 말없이 거절하고 미루고 미뤄 왔는 데 2016년부터는 황 목사님과 청년들이 나니와교회 창립 20주년 을 맞는 2017년에는 꼭 '나니와교회 이야기'를 출판해야 한다고 본 격적으로 강하게 요청을 해왔다. 황 목사님은 나의 부끄러운 삶의 이야기가 많은 젊은 목회자에게 유익이 되고 선교사들에게도 하 나의 좋은 모델이 된다며 비행기를 태웠다. 나는 더 이상 거절할 수 없어서 용기를 내어 나니와교회 개척 이야기를 책으로 남기기 로 했다.

솔직히 나는 조금도 책을 출판하고 싶은 생각이 없었다. 나의 일본 선교는 실패의 연속이었고 다른 선교사님들에 비하면 이룬 것이 너무 없고 내세울 것도 없는 부끄러운 삶의 이야기이기 때문 이다.

그러나 나는 내 생각을 접고 책을 출판하기로 마음먹고 글을 쓰 기 시작했다. 이 역시 하나님의 섭리라 여겨진다. 주로 내가 한국 단기 선교팀들에게 전한 간증 설교를 풀어서 쓴 이야기와 함께 내가 느끼고 생각하며 바라고 깨달은 것들을 글로 써놓았다. 처음 책을 쓰다 보니 어떻게 써야할지도, 독자들이 무엇을 원하는지도 몰랐다. 그저 지금까지 살아온 이야기를 숨김없이 여러분과 나누고 싶어 있는 그대로 쓰려 노력했다. 너무 서툴러서 부끄러울 뿐이다.

나는 이 책을 쓸 자격이 없다. 우리 교회를 세워 온 것은 내가 아니고 하나님이시다. 모든 것이 하나님의 은혜다. 그 다음으로 우리 교회를 세워 온 숨은 봉사자는 사랑하는 아내 강정숙 사모다. 아내는 믿음 없이 몇 번이고 도망가려는 나를 다독거려 일으켜주고 진심으로 노숙자들을 사랑하며 나니와교회를 섬겨왔다. 아내는 노숙자들과 노동자들의 다정한 친구로 그들을 이해하고 이야기를 들어줬다. 노숙자들의 영적 어머니가 되어 인생의 무거운 짐을 지고 거친 인생을 살아온 성도들을 예수님의 사랑으로 섬기고 기도하며 한 사람 한 사람을 주의 일꾼으로 세워왔다. 나는 하나님과 아내 덕분에 살아가는 철없는 목사다. 그런데 언제나 사람들에게 이름이 알려지고 높임을 받는 것은 부족한 나였기에 항상 미안하고 부끄러울 뿐이다. 우리 교회는 사시사철 더위와 추위를 무릅쓰고 밥을 짓고 요리를 하고 뒤치다꺼리를 하는 수많은 봉사자들의 도움으로 매주 무료급식과 노숙자 지원 사역을 하고 있다. 우리 교회 목요전도집회에는 매달 4명의 목사님들이 오셔서 말씀을 전해주신다. 이름 없이, 빛 없이, 사례도 없이 노숙자들에게 20년 동안 영의 양식을 공급해 주신 여러 목사님들에게도 진심으로 감사의 마음을 전한다.

나는 사랑하는 아들 김성태 목사와 딸 김선영 집사에게 항상 미안한 마음을 간직하고 있다. 한참 기를 피고 살아야 할 초등학교, 중학교, 고등학교 시절 우리 아이들은 부모를 잘못 만나 먹고 싶은 것도 못 먹고, 누리고 싶은 것도 못 누리며 가난하고 어렵고 견디기 힘든 세월을 살아야 했다. 부모로서 제대로 돌보지 못하고 해준 것도 없는 데도 믿음 안에서 잘 자라준 우리 아들과 딸이 자랑스럽다.

나니와교회 창립 20주년에 맞춰 준비했던 이 책은 당초 계획 보다는 일 년 정도 지나 출간되게 되었다. 지금이 하나님이 허락해주신 가장 적합한 때라 믿는다. 나와 우리 가족, 나니와교회의 모든 이야기는 하나님이 함께 해주신 동행의 이야기다. 20년을 함께 해주신 하나님께서 앞으로 30년과 50년, 100년, 영원까지 나니와교회를 비롯한 이 땅의 교회들과 함께 해주실 것을 소망한다. 특별히 일본 선교에서 이 책이 하나님이 행하신 귀한 증거가 되기 바란다. 그래서 주변의 모든 분들에게 나와 나니와교회의 부족한 믿음과 삶의 이야기가 이 땅의 작은 자들을 사랑하시는 하나님의 마음을 이해하는데 조금이라도 도움이 되길 바라며 이 책을 세상에 내어 놓는다.

2018년 10월

오사카에서 김종현 목사

우리들은 고난 없이 영광이 없고, 십자가 없이는 부활이 없는 값진 제자직을 수행하도록 부름 받았다. 그것은 값비싼 은혜의 삶을 통한 비범한 제자직의 수행이다. 이러한 비범한 제자직을 산상설교를 통해 천명하고 순교의 면류관을 쓴 본회퍼는 "예수님은 그와 함께 죽자고 우리를 부른다"고 말한다. 나는 이러한 귀중한 제자직을 일본 오사카에서 20여 년 동안 매주 노숙자 250~300명에게 주먹밥과 된장국을 대접하고 섬기면서 복음을 증거 해 온 김종현 목사님과 사모님의 선교 활동에서 발견하며 마음 깊은 곳에서 솟아오르는 감격을 금할 수 없다.

이 책에는 20여 년 동안 노숙자를 섬기고 교회를 일으켜 세우면서 경험한 김 목사님과 사모님의 놀라운 증언과 심오한 간증이 담겨 있다. 이것은 일본 선교 역사를 비롯해 여러 면에서 소중한 가치를 지니고 있다. 물론 그것은 우리를 울리며 감동을 준다.

이 책은 먼저 소명을 받고 주님의 제자의 길을 가고 있는 젊은 신학도들에게 소명과 기도의 본질을 알려주는 매우 유익한 길잡이가 될 것이다. 이 책은 또한 국내외 목회 일선에서 많은 상처를 입고 고통 당하는 목회자들을 위로하고 격려할 것이다. 목회 가운데 낙심한 그들에게 새로운 힘을 얻고 일어서게 하는 용기를 선사할 것이다. 개척하면서 물질적으로 큰 시련을 당해 고뇌하는 목회자들은 이 책을 통해 영적으로 물질 문제를 극복하는 생생한 증언을 듣게 될 것이다. 이 책은 노숙자 목회 등 여러 분야에서 특수 목회를 하는 분들에게도 새로운 빛을 줄 것이다. 주님의 제자의 길을 가려는 모든 분들에게 기쁘게 추천하며 일독을 권한다.

오영석 목사 (전 한신대학교 총장)

예수님께서 가난한 자, 병든 자, 눌린 자를 위해 사랑의 손길을 내미셨던 것처럼 김 목사님은 1997년 9월 나니와교회를 설립한 이후 오늘까지 그리스도의 사랑을 가지고 가난한 자, 병든 자를 섬기는 일에 일관해 오셨습니다. 지난 20여 년의 시간 속에 온갖 우여곡절이 있었지만, 하나님의 은혜에 붙잡혀 여기까지 달려오셨습니다. 그런 의미에서 이 책은 김 목사님의 목회 이야기이자 한 목회자의 헌신적 사역 보고서이지만, 더 정확히 표현하자면 김 목사님을 통해 일하신 하나님의 강권적인 사랑의 이야기요, 은혜로우신 우리 주님의 발자취라고 말할 수 있습니다.

천신만고의 수고가 있었지만 노숙자 선교를 통한 일본 복음화의 꿈과 하나님께서 주신 놀라운 결실을 김 목사님은 이 책을 통해 증언하고 있습니다. 김 목사님의 간절한 고백이 읽는 사람들에게 영감을 불어넣어 모두가 주님의 사역을 이 땅에서 실현해내는 참 제자가 되기를 기도하면서 이 책을 적극 추천합니다. 존경하는 김 목사님을 인도하시고 여기까지 이르게 하신 우리 하나님께 영광과 감사를 올려드립니다.

권오륜 목사 (한국기독교장로회 증경총회장)

김종현 목사님의 저서 '그대가 걸으면 길이 된다-나니와교회 이야기'의 출간을 진심으로 축하하며 함께 기뻐합니다. 저자는 한신대학교를 졸업하고 목회를 하던 중에 일본 선교사로 부름 받아 견디기 어려운 시련과 아픔을 겪으면서도 결코 일본 선교를 포기하지 않았습니다. 도리어 그 시련과 아픔 속에서 하나님을 진정으로 만났고, 그 만남을 통해 다시금 노숙자 선교의 비전을 품고 재도전하여 20여 년 동안 선교 현장에서 기적 같은 역사를 이뤄가고 있습니다.

김 목사님은 책에서 이렇게 자신의 소망을 남기고 있습니다. "민족의 벽을 넘어 한국과 일본을 이어주는 가교(架橋)가 되기를 원합니다. 한국인과 일본인, 한국 교회와 일본 교회가 협력해 노숙자 선교를 위해 함께 일함으로써 주의 사랑 안에서 민족의 벽이 무너져 한국과 일본이 하나 되기를 바랍니다." 이처럼 하나님 앞에서 정직하고 열정적으로 선교하는 이 시대의 참 하나님의 사람인 김 목사님의 첫 책을 이 땅의 모든 목회자들과 신학생, 선교사님들과 하나님의 나라를 소망하는 성도님들에게 기쁘게 추천합니다.

이상섭 목사 (서울광암교회 담임)

1
사랑하라,
더욱
사랑하라!

나는 "하나님을 사랑하라"는 말씀을 받은 후에 하나님을 사랑하는 삶을 실제 내 삶에 적용하고 실천하기로 했다. 하나님을 사랑하는 증거로 하나님이 나를 어디로 보내든지 가겠다고 다짐했다. 가난하고, 힘들고, 비난을 받고, 조롱거리가 되어도 주님을 사랑하는 마음으로 부르심 받은 그 자리에서 묵묵히 인내하며 사명을 감당하기로 했다. 노숙자 선교를 하면서 얼마나 많이 그 현장을 떠나고 싶었는지 모른다. 그러나 "하나님을 사랑하라"는 말씀이 언제나 나를 그 자리를 지키게 했다. 극한 가난 속에서도 노숙자들에게 주먹밥과 된장국을 만들어 나누는 사역을 멈추지 않았던 동력은 바로 "하나님을 사랑하라"는 그 음성이었다.

1

나의 어린 시절

    나는 주님의 은혜가 없으면 살 수 없었던 힘든 어린 시절을 보내야 했다. 남과 다른 사람은 조금도 인정하지 않으려는 이 세상에서 나는 남과는 조금 다르게 태어났다. 나는 목회자 가정의 4남 1녀 중 장남이다. 아버님은 김갑배 목사이고 어머님은 김순자 사모다. 위로 누나가 있고 밑으로 남동생만 셋이 있다. 우리 형제자매 모두 잘 생기고 건강하게 태어났지만 어머니가 나만 무척 힘들게 낳으셨다. 지금 생각해보면 어머니는 젖 먹던 힘까지 다 써서 죽을 각오로 나를 낳으셨던 것 같다. 어머니가 얼마나 나를 힘들게 낳았던지 그 표징이 아직도 내 머리에 남아있다. 지독한 난산으로 힘들게 태어난 때문인지 내 머리는 비틀어져 뒤보다 앞이 더 높은 이상한 형태가 되었다.

    초등학교를 마치기까지는 내 머리가 남들과 다르다는 것을 알기는 알았지만 크게 신경 쓰지 않고 살아 갈 수 있었다. 그러나 중학교 입학을 앞두고 나는 깊은 고민에 빠졌고 학교 가기가 싫었다. 그 당시에는 중학교에 가면서부터 교복을 입고, 모자를 쓰고, 머리를 삭발해야 했다. 삭발을 하면 내가 지금까지 그렇게 감추고 싶었던 비뚤어지고 앞이 솟은 머리를 모든 사람에게 보여야 했다. 난 그 사실이 죽기보다 싫었다. 세상에 태어나 처음 머리를 바리캉으로 깎던 날, 나는 하염없이 눈물을 흘렸다. 앞으로 살아갈 길이 막막했다. 그저 어디론가 도망치고 싶었다. 나는 슬픔과 절망에 젖어 울면서 어머니에게 "도대체 엄마는 왜 나를 낳으셨어요? 내가 세상에 태어나지 않았다면 이런 고생을 하지 않아도 되었을 텐데!"라며 울분을 토했다. 지금 생각해보면 불효도 그런 불효가 없었다. 어머니는 나를 낳기 위해서 생명을 건 산고를 치르셨다. 그 은혜를 모르고 어머니 가슴에 못을 박은 것이 지금도 마음 속 아픔으로 남아 있다. 그런 나를 잘 아는 어머니는 나를 위로하고 달래며 중학교에 가야 한다고 설득했다. 하는 수 없이 중학교에 입학했지만 예상대로 친구들은 물론 선생님들도 나를 놀리고 말과 행동으로 상처를 주었다. 나는 중학교 3년, 고등학교 3년, 군대 2년 6개월 동안 견디기 힘든 많은 상처를 받고 살아야 했다.

어린 시절부터 너무나 무거운 슬픔과 고민 속에서 고독한 삶을 살아야 했던 내가 유일하게 자유롭게 숨 쉴 수 있었던 곳은 교회였다. 교회에서 기도하고 찬양할 때에 비로소 평안이 찾아왔다. 때론 아무도 없는 산에 올라가 홀로 하늘을 바라보며 생각에 잠기기도 했다. 때로는 교회에서 목청껏 노래하고 찬양하며 내 마음을 달래고 쌓인 스트레스를 발산했다. 그것이 나만의 은밀한 힐링의 방법이었다.

마음의 상처와 고통을 안고 기도하는 가운데 주님의 위로와 사랑을 느꼈다. 아픔을 안고 주님께 나아갈 때마다 주님은 나에게 위로와 사랑을 베풀어주셨다. 그분은 이렇게 말하는 듯 했다.

"종현아, 언제까지나 내가 너와 함께 할 거야. 어떤 고통도 나와 함께라면 능히 이길 수 있단다. 걱정하지 말고 나만 의지하거라."

그렇게 주님은 내게 용기와 소망을 주셨다. 그렇게 어린 시절부터 주님을 의지하며 사는 삶을 살게 됐다. 그런 가운데 주님이 놀라운 지혜와 능력, 꿈과 소망을 주시는 것을 체험하며 살았다.

돌아보니 그것이야말로 은혜 중의 은혜였다. 어른이 되어 목회를 하는 지금도 '어떤 큰 문제와 고난이 있을지라도 주님이 함께 역사하시기만 하면 해결된다'는 확신이 마음 속 깊은 곳으로부터 늘 솟아오르곤 한다. 고난의 어린 시절, 긴 어둠의 터널, 활활 타는 용광로와도 같은 세월을 보내면서 잃은 것도 많았지만 얻은 것도 많았다. 나는 지금도 잘 웃지 않는다. 부끄럼도 많이 타며, 표정이 늘 굳어 있다. 어린 시절부터 겪었던 고독과 상처의 흔적이 남아 있는 것이다. 그러나 그것만 있는 것이 아니었다. 그 시절에 하나님을 만났다! 비록 나는 연약하고 부족하지만 주님은 나에게 놀라운 지혜와 능력을 주시어 고난을 극복하고, 남들이 불가능하게 여기는 일도 능히 할 수 있게 해 주신다는 확신을 갖게 됐다.

나의 어두운 어린 시절은 자연스럽게 하나님을 생각하고, 기도하며, 그분과 교제하는 삶으로 이어졌다. 그래서 앞날의 진로를 정해야 할 때, 나는 별 주저함이 없이 신학교에 가기로 마음먹었다. 사실 우리 부모님은 내가 신학교에 가서 목사가 되기를 내가 세상에 태어나기 전 뱃속에 있을 때부터 기도하셨다. 우리 가정은 4대를 이어온 크리스천 가정이었다. 내가 목사가 된다면 3대에 이어 목사가 탄생하게 되는 것이었다.

나의 증조부는 김성식 목사님이다. 1913년 평양신학교를 졸업한 김성식 목사님은 전라북도에서 제내리교회를 세웠다. 조부 김현경 장로님은 부친의 강력한 권유로 성경 학교를 졸업한 뒤 숭실학교에 입학했지만 도중에 포기하고 장로가 되었다. 조부님은 영성학원을 설립하고 가난한 농촌에서 학교에 가지 못한 소년 소녀들에게 성경과 한글을 가르쳤다. 일제하에서 민족교육을 펼치신 그분은 해방 후, 공산군에 의해 순교 당하셨다. 우리 아버님 김갑배 목사님도 한국신학대학을 졸업하고 목사가 되어 평생 목회하셨다. 우리 어머님 김순자 사모님도 신앙의 가정에 자라 결혼하기까지 목포를 중심으로 교회와 사회를 위해 봉사하셨다. 외조부 김개수 장로님도 6·25때 순교하셨다. 부모님이 내가 얼마나 목사가 되기를 소원하셨는지를 나는 아들 성태를 키우면서 알 수 있게 되었다. 그러나 내가 신학교에 가기로 한 것은 그저 좋으신 하나님에 대해 더 깊이 알고 싶은 마음에서였다. 목사가 되기보다는 신학을 공부하고 싶었다.

신학교를 다니며 목사 후보생이 되면서 나는 신학은 교회를 위해 봉사하는 학문이며 신학교는 목회자를 양육하는 곳임을 알게됐다. 나는 신학교 시절에 도시산업선교와 빈민선교의 현장 학습에 참여했다. 그러나 나는 소외된 이들을 위한 삶 보다는 실력을 갖춘 큰 교회 목회자가 되어 이름을 알리고 경제적으로도 부요한 삶을 살기 원했다. 소위 '성공한 목회자'를 꿈꿨던 것이다.

그러나 남들보다 더 높이 되고, 더 크고 성공적인 목회자가 되기 원하던 나의 꿈이 산산이 깨어지는 뼈아픈 경험을 하게 되었다. 서울 근교의 모 교회에서 교육 전도사로 일하면서 신학대학원을 다니고 있었을 때, 신학교 선배님이자 서울 시내의 교회를 담임하던 목사님이 나에게 "우리 교회로 오라"고 말씀하셨다. 나는 서울 시내의 교회에 가면 큰 교회의 부목사와 담임 목사가 되는 탄탄대로가 열릴 것이라는 부푼 꿈에 선뜻 "예"라고 대답했다. 그리고 그때까지 섬기던 교회를 사임했다. 그런데 나에게 전도사 청빙을 약속했던 그 교회 목사님은 내가 한번 설교를 한 후에 "우리 교회에서는 전도사님을 모시지 않기로 했습니다"라고 말했다. 나는 선배 목사님으로부터 심한 상처를 입었다. 분노와 절망 속에서 갈바를 알지 못한 채 깊은 고민에 빠졌다. 그때 나는 '살기 위해서는 기도밖에 없다'는 생각으로 1987년 신년성회가 열린 마석기도원에 올라갔다. 그 기도원으로 올라간 것은 하나님의 기막힌 섭리였다. 눈 덮인 산에 올라가 기도할 때, 방언이 터져 나오면서 하나님의 음성이 들렸다.

"너의 길을 막은 것은 선배 목사가 아니라 바로 나다. 내가 그렇게 한 것이다. 너는 나의 종으로 내가 어디로 보내든지, 무슨 일을 맡기든지, 절대 순종하며 나의 영광을 위해 낮은 자리에서 이름 없이, 빛 없이 일해야 하는데 너는 오직 네 영광과 성공만을 구하는구나!"

나는 벼락같은 하나님의 음성을 듣고 그 자리에서 회개했다. 그리고 내 일생을 바꿀 새로운 결심을 했다.

"주님, 어디로 보내시든지 가겠습니다. 무엇을 맡기시든지 하겠습니다. 할 수 있으면 복음의 최전선에서 일하겠습니다. 어렵고 힘든 자리에서 낮은 자세로 주님을 섬기겠습니다."

나는 지금도 마석기도원 설산에서 드린 기도와 결심의 순간을 잊지 못한다. 늘 마음에 새기고 그 다짐대로 실천하려 힘써왔다. 세월이 지날수록 그 날의 기억이 더욱 또렷하게 떠오르며 나의 영혼을 다그치고 있다.

예수님이 광야에서 유혹을 받으실 때 사단은 천하만국과 그 영광을 보여주며 "만일 내게 엎드려 절하면 이 모든 것을 네게 주리라"고 유혹했다. 세상 권력과 명예, 부를 모두 주겠다는 사단의 유혹에 대한 예수님의 대답은 단호했다. "사단아 물러가라 기록되었으되 주 너의 하나님께 경배하고 다만 그를 섬기라 하였느니라."(마 4:10). 예수님은 오직 하나님께만 경배하고 하나님의 영광만을 구하며 하나님만을 섬기겠다고 말씀하셨다.

주님의 마음을 품고 낮은 곳, 더 낮은 곳으로 가겠다는 결심이
오사카의 노숙자들을 섬기는 데 까지 이어졌다. 나니와교회의 배식 모습

2
일본 선교사로 가기까지

나는 성공을 추구하며 남들보다 더 높아지고, 더 많이 누리려는 욕심을 내려놓았다. 오직 주님의 종으로 그분이 어디로 보내시든지, 무슨 일을 맡기시든지 순종하겠다고 결심했다. 그리고 하나님께 고백했다.

'사랑하는 주님, 주님을 위해 한없이 낮아지겠습니다. 복음의 일선에서 일하겠습니다. 나를 필요로 하는 곳이라면 가난하고 힘든 자리라도 기쁘게 가겠습니다.'

그 고백을 실행에 옮겼다. 마석기도원에서 내려온 후에 전북 오수교회 전도사로 가게 되었다. 오수교회는 농촌교회지만 비교적 규모가 컸고, 성도들이 열심히 기도하며 전도하는 교회였다. 그러나 당시 신학대학원 과정을 1년 이상 남겨 놓은 나로서는 쉽게 가기 힘든 곳이었다. 먼 길을 오가며 대학원 과정을 이수하고 논문을 써야 했다. 사실 오수교회는 너무 멀었다. 그러나 나는 모든 환경적 문제를 물리치고 오수교회에 전도사로 부임했다. 열심히 기도하는 오수교회 성도들로부터 도전 받아 기도를 생활화하려 노력했다. 그곳에서 설교와 심방, 교육으로 힘들고 분주한 나날들을 보내야 했다.

2년의 전도사 생활을 마친 후 나는 목사가 되기 위해 교회를 옮겨야 했다. 그때 아내는 개척하자고 했다. 나는 개척은 도저히 자신이 없어 아내에게 제안했다. "여보, 개척보다 남들이 가지 않으려는 교회에 갑시다." 아내도 선뜻 동의해 주었다. 때마침 친구로부터 경기도 평택 팽성읍 노와리에 있는 양천교회를 소개 받았다. 당시 양천교회는 교통편도 열악하고 교회당은 비가 새며, 사택도 형편없는 초라한 농촌교회였다. 더구나 분규까지 있어 아무도 가려 하지 않았다. 실제로 가서 보니 지리적·환경적 문제 외에도 여러 내부적 문제를 안고 있는 교회였다. 단독 목회 초년생으로는 도저히 감당하기 어려운 교회였다. 그럼에도 '낮은 곳으로 가겠습니다'라는 그 다짐을 되새기며 양천교회에 부임했다.

다짐은 고귀했지만 현실은 냉정했다. 나는 첫 단독 목회지인 양천교회에서 견딜 수 없는 시련을 겪었다. 중간에 목회를 그만 둘 생각도 했었다. 그러나 교회의 주인은 하나님이셨다. 하나님은 어려운 목회 가운데에서도 시시때때로 은혜를 베풀어 주셨다. 교회는 점차 안정을 찾았고 부임한지 3년 만에 새 예배당을 건축하게 됐다. 지역을 돌며 봉사하며 전도한 결과 교회는 성장했다. 나는 시골 교회 성도들의 따뜻한 사랑을 받으며 평안하고 안정된 목회를 할 수 있었다.

양천교회에서 6년 동안 목회 하고 나는 또 다시 경기도 송탄에서 교회를 개척하기로 결심했다. 이제는 복음 사역의 확장을 위해 도시에서 교회를 개척해야겠다는 마음이 찾아왔다. 어디에서든 개척하려면 개척 자금이 있어야 하는데 수중에 지닌 돈도, 빌릴 곳도 없었다. 나는 양천교회 성도들에게 1992년 4월 말로 교회를 사임하겠다고 선언했다. 노회에도 시무하던 교회의 담임 목사 사임서를 제출했다. 주사위는 던져졌다. 이제 어쩔 수 없이 개척하기위해 도시로 나가야 했다.

그렇게 호기롭게 미지의 세계로 떠날 것을 선언했지만 돈은 한 푼도 없고. 교회당과 거주할 집도 준비되어 있지 않았다. 큰일이었다. 교회 사택을 비우고 떠나야 할 날이 점점 다가왔다. 이제 얼마 남지 않았다. 나는 극심한 고민과 두려움에 빠졌다. 24시간 내내 걱정 근심으로 몸과 마음이 피폐해지고 얼굴도 굳어 있었다. 그런데도 집사람과 아이들은 모두 평안한 표정이었다. 오직 나만 태산 같은 걱정을 안고 있었다. 걱정만 한다고 일이 해결되는 것이 아니었다. 비상기도를 시작했다. 아직도 2~3월의 추위가 기승을 부리던 때였다.

나는 매일 밤 교회에서 자며 기도하기 시작했다. 지금도 나는 문제가 있을 때마다 비상수단으로 늘 밤에 교회에 머물며 기도를 하곤 한다. 이러한 나의 기도 습관은 그때부터 시작된 것이다.

　당장 교회당과 사택을 빌려야 하는데 대책이 없었다. 주위에 도
와줄 사람은 아무도 없었다. 걱정에 사로잡혀 눈앞이 캄캄했다.
그런데 기도 중에 부모님께 가면 해결 될 것 같은 감동이 있었다.
그래서 부모님을 찾아가 창백한 얼굴로 이야기를 시작했다. 어머
니는 많이 상해 있는 내 모습을 보고 아버지께 갖고 있는 땅을 팔
자고 제안하셨다. 다행히 이모님 댁에서 땅을 사주셨다. 드디어
우리 가족은 농촌 교회를 떠나 도회지에 교회당과 사택을 마련, 개
척 교회를 시작하게 되었다. 그러나 교회당을 빌려 교회를 개척했
지만 사람들이 모이지 않았다. 자연스레 경제적으로도 견디기 힘
든 벽에 부딪쳤다. 내 힘으로는 도저히 목회를 계속할 수 없었다.
3년 여 동안 매일 밤 강단에서 기도의 제단을 쌓았다.

　"하나님, 베드로에게 주셨던 말씀의 능력을 저에게도 주시옵소
서. 성령의 능력과 은사를 부어주시어 주의 살아계심을 증거하게
하옵소서."

　3년 동안 친구들과의 교제는 물론 바깥출입도 될 수 있는 대로
하지 않고 간절히 기도했다. 3년째 되는 해에 주님은 성령의 은사
를 나타내 주시고 위로와 소망도 주셨다. 교회에서 병든 자들이
고침 받고 마음이 상한 자가 치유되는 역사가 일어났다. 때마침
몇몇 목사님들이 나에게 말했다.

"성령의 능력과 은사를 받은 자는 갈급한 자들을 찾아가 주의 은혜의 복음을 전해야 합니다. 그래야 하나님이 은혜를 더하여 주시지, 가두어 두면 은혜를 거두어가십니다."

그들은 일본에 가서 부흥회를 인도하자고 권했다. 나는 나를 필요로 하는 곳이 있다면 어디든 가서 복음을 전해 주님의 은혜에 만분의 일이라도 보답하고 싶었다. 1995년에 처음으로 일본 지바에 가서 여러 목사님들과 함께 성회를 인도했다. 이후 도쿄와 오사카에서도 집회 요청이 와서 성회를 인도하게 되었다. 그런데 오사카 집회 후, 그곳의 한 개척 교회로부터 청빙을 받았다. 나는 일본에서 집회는 인도했지만 선교사로 나가기는 싫었다. 그러나 성령 체험 이후 내 삶에는 변화가 있었다. 나의 싫고 좋음을 떠나 오직 주님의 음성을 듣고, 주님의 인도를 따라 살기로 마음먹었다. 청빙 제안을 받은 후 나와 아내는 누가 먼저라고 할 것도 없이 21일간 아침 금식을 하며 주님의 뜻을 분별하기 위해 기도를 시작했다. 21일간의 기도를 통해 하나님은 우리에게 일본을 향한 뜨거운 마음을 주셨다. 우리는 일본 선교사로 가기로 결심하고 교회에 그 뜻을 전했다. 부모님과 형제들에게도 굳은 결심을 전했다. 당시 아버님은 중풍으로 오랜 세월 누워 계시던 중이었다. 그런 아버님을 두고 장남인 내가 한국을 떠나 일본에 선교사로 갈 수 없는 형편이었다. 그러나 주님의 뜻에 순종하는 마음으로 모든 사정을 뒤로 했다. 교회를 사임하고 1996년 5월 오사카의 모 교회에 부임했다. 당시 비자가 나오지 않아 관광비자로 한 달에 두 번 한국과 일본을 오가며 오사카에서 목회를 하게 되었다. 그때의 마음은 꼭 아브라함과 같은 심정이었다. 아브라함은 75세 때 하나님의 부르심을 받았다.

> "여호와께서 아브람에게 이르시되 너는 너의 본토 친척 아비 집을 떠나 내가 네게 지시할 땅으로 가라 내가 너로 큰 민족을 이루고 네게 복을 주어 네 이름을 창대케 하리니 너는 복의 근원이 될지라 너를 축복하는 자에게는 내가 복을 내리고 너를 저주하는 자에게는 내가 저주하리니 땅의 모든 족속이 너를 인하여 복을 얻을 것이니라 하신지라."(창 12:1~3)

아브라함은 자신을 부르시는 하나님의 음성을 듣고 정든 땅 하란과 사랑하는 아비 친척을 떠났다. 어디로 가야할 지도 모른 채 그저 주님의 인도를 따라 하란을 떠나 주께서 지시하는 땅을 향해 떠났다. 그가 하란을 떠날 때 75세였다. 고향을 떠나갔다가도 돌아올 나이에 그는 하나님의 부르심에 전적으로 순종했던 것이다.

나는 고등학교 시절 전주 근처 송광사 산속 깊은 곳의 초등학교에서 열린 전북노회 교육부 주최의 중고등부 하기 연합수련회에 참석한 적이 있다. 그때, 강사로 오신 필리핀 선교사님이 뜨겁게 메시지를 전한 후에 학생들에게 "선교사로 자신의 삶을 드리기 원하는 사람은 앞으로 나오라"고 헌신의 콜링을 하셨다. 많은 학생들과 함께 나도 주님 주신 감동에 따라 강단으로 나가 엎드려 안수 받았다.

돌아보니 하나님은 한국에서 나를 낮추시고 연단하신 후에 일본 선교사로 가도록 보이지 않게 내 삶을 인도해주셨다. 목사가 된 후에 나는 고등학생 시절에 선교사 서원을 했다는 점을 기억했지만 나름대로 논리를 내세워 선교사로 나가기를 거부했다. 비록 선교사로 직접 나가지는 못하더라도 '보내는 선교사'로서 선교사를 후원하고 기도하면 될 것이라고 스스로를 합리화했다.

그러나 내 생각과 하나님 생각은 달랐다. 하나님은 내가 피할 수 없도록 한 걸음 한 걸음을 인도하시어 내가 직접 선교사로 일본에 가도록 인도해 주셨다. 사실 내가 일본에 간 것은 전혀 계획한 일이 아니었다. 당연히 준비도 하지 않았다. 하나님의 부르심은 결코 사라지지 않는다. 하나님은 치밀하게 내 인생을 주장하시고 인도하셨다. 마침내 주의 부르심을 피해 도망가려던 나에게 성령의 감동과 소원을 부어주셔서 일본 열도를 향해 실제로 떠나도록 인도하셨다.

인생을 향한 하나님의 추적하심은 집요했고, 결국 한 고등학생의 서원은 이뤄졌다.

3

가족과 함께 겪은 혹독한 시련

처음 부임한 오사카에서의 목회는 모든 것이 새로웠다. 나는 그때까지 목회자 가정에서, 또한 교단의 조직과 전통 신앙 고백, 체계적 질서 속에서 살아왔다. 한국의 그런 환경 속에서 13년 동안 목회를 했다. 그러나 처음 부임한 오사카의 교회에는 헌법도, 질서도 없었다. 교회의 주축이 된 A 집사는 기도와 은사 중심으로 신앙생활을 하는 분이었다. 나는 1년 동안 교회를 섬기며 많은 아픔을 겪어야 했다. A 집사는 말씀과 교회의 질서보다는 자신이 주께 받은 감동과 생각을 늘 우선했다. 내가 담임 목사로서 의견을 말하고, 틀린 것을 지적해도 따라주지 않았다. 도무지 종잡을 수 없었다. 어느 날에는 전도사 사례비를 담임 목사 사례비보다 더 올렸다고 통고했다. 또 어떤 날은 갑자기 한국에서 한 목사님을 모시고 와 "이분도 우리 교회 목사님"이라고 했다. 그런 과정에서 나는 많은 수치와 모욕을 겪어야 했다. 그럼에도 그 교회를 사임하

고 한국으로 돌아가거나 일본 내 다른 곳에서 교회를 개척할 생각
은 하지 않았다. 하나님이 그런 마음을 품지 못하게 하신 것이다.
마음이 너무 아프고 힘들어도 내색하지 않고 속울음을 삼키며 1년
간 묵묵히 교회와 성도들을 섬겼다. 1년 후, 한국기독교장로회 총
회가 나를 일본 재일대한기독교회에 파송함으로써 드디어 선교사
비자가 나왔다. 1997년 3월 28일, 가족과 함께 오사카에 들어가 방
을 구해 살게 되었다. 당시 아들 성태는 초등학교 6학년, 딸 선영
이는 초등학교 4학년으로 4월 신학기부터 일본 초등학교에 다니
게 되었다.

　가족 모두가 오사카에 이주한 후, 우리에겐 한가지 고민이 있었
다. 그때, 우리 수중에 한국에서 전세금을 돌려받은 돈 400만 엔
(약 4000만원)이 있었다. 그 400만 엔은 부모님께서 주신 비상금
이자 생활비였다. 당시 섬기던 교회는 아파트를 빌려 교회로 사용
하고 있었다. 교회에는 비자 없이 체류하던 한국인 노동자들과 자
매님들, 일본인들이 나오고 있었다. 한국인 중심의 교회이기에 큰
소리로 찬양하고 부르짖어 기도해야 마음이 시원한데 당시 내가
섬기던 교회는 큰소리로 찬양하고 기도할 환경이 아니었다. 조금
만 큰소리로 찬양하면 옆집, 윗집, 아랫집에서 쿵쿵 벽을 치며 조
용히 하라는 사인을 보냈다. 자칫 민원이 들어가면 경찰의 단속을
받을 수도 있기에 모두 숨죽인 채 예배를 드려야 했다.

　나와 아내는 기도한 후에 마음껏 찬양하고 기도할 수 있는 장소
로 예배 처소를 옮기기 위해 수중의 400만 엔을 건축헌금으로 드

렸다. 건축헌금을 드린 후에 A 집사가 전혀 생각할 수 없었던 이야기를 했다. "목사님, 제가 기도하는 데 센다이로 가시라는 하나님의 음성을 들었습니다." 그러면서 내가 교회를 사임하기 바라는 뜻을 전했다. 정말 기가 막혔다. 심한 배신감과 함께 앞날이 걱정되었다. 우리 4식구의 전 재산까지 드렸는데 우리를 나가라고 하니 너무 억울하고 그들의 불의한 행동에 화가 치밀어 올라 참을 수 없었다. 그때, 굳게 결심했다. '어떤 일이 있어도 교회를 사임하지 않겠다. 저들과 싸워서라도 끝까지 교회를 지키고, 헌금을 지키겠다.'

집에 돌아와 무거운 마음의 짐과 고민을 주님께 아뢰며 기도했다. 하나님께 내 아픔과 억울함을 토로하며 기도하는 데 하나님께서 마음에 감동을 주셨다.

"사랑하는 종아, 네가 일본에 온 목적이 무엇이니? 싸우러 왔니? 아니면 선교하러 왔니? 네가 400만 엔이 아까워 그들과 싸워 이기려면 10년이 걸릴지도 모른다. 모든 것을 버리고 교회를 떠나 새로운 선교의 길을 찾아라."

하나님의 뜻을 깨달은 나는 아내와 상의한 후 교회 제직들에게 1997년 5월 말까지 교회를 사임하겠다고 전했다. 단지 앞으로 개척할 수 있도록 후원해 줄 것을 요청했다. 우리 가족은 5월 마지막 주일 예배를 드리고 일 년 동안 섬겨왔던 교회를 사임했다. 교회를 사임한 뒤 우리 가족의 살길이 막연할 것을 누구보다 잘 아는 A 집사와 교인들은 퇴직금은 물론, 송별금도 한 푼 주지 않고 우리를 내어 보냈다.

벧엘에 이르렀을 때 아브라함은 조카 롯의 가족과 함께 벧엘과 아이 사이의 좁은 땅에 머물게 되었다. 아브라함도, 롯도 많은 가축과 종들을 거느리고 있었다. 자연스레 좁은 땅에서 양측의 목자들이 서로 싸우게 되었다. 그러자 아브라함이 조카 롯에게 제안한다. "하나님의 백성인 우리가 서로 다투는 것이 가나안 사람 보기에 좋지 않으니 서로 나뉘어 살면서 가축을 기르자." 그때, 아브라함은 어른으로서 당연히 행사할 수 있는 '먼저 좋은 땅을 선택할 수 있는 권리'를 조카인 롯에게 양보했다.

"네 앞에 온 땅이 있지 아니하냐 나를 떠나라 네가 좌하면 나는 우하고 네가 우 하면 나는 좌 하리라."(창 13:9)

아브라함은 물질적인 이득보다 하나님의 영광을 먼저 생각했다. 그래서 무조건적으로 다툼을 그쳤다. 평화를 이루기 위해 모든 것을 내려놓았다. 조카 롯에게 비옥하고 나무와 풀이 우거진 땅을 먼저 선택하게 했다.

일본에 들어 온지 두 달 만에 우리 가족은 섬기던 교회에서 버림을 받았다. 돈도 없고 도와 줄 사람도 없는 이국땅에서 살길이 막막한 광야의 생활로 들어서야 했다. 배반당한 아픔과 상처가 너무나 커서 살아갈 용기가 나지 않았다. 한없이 슬프고 억울했다. 외롭고 답답했다. 앞날에 대한 걱정과 절망이 마음 가득 몰려왔다. 그러나 한가지 분명한 것은 일본으로 우리 가족을 인도하신 분은 하나님이셨다는 사실이다. 다시 한 번, 그분을 의지할 수밖에 없었다. 갈 바를 알지 못하고 본토 친척 아비 집을 떠난 아브라함, 롯에게 좋은 것을 양보한 믿음의 조상 아브라함의 그때 심정이 나와 같았을까 생각해 본다.

일본에 건너 온 뒤 김종현 목사 가족은 많은 어려움을 겪었지만
믿음으로 극복하고 지금의 아름다운 모습으로 서게 되었다

4

고난 중에 들려주시는
하나님의 말씀 1
"원수를 사랑하라"

1997년 5월 마지막 주일, 지금까지 고생하며 섬겨왔던 교회를 떠나던 날, 집에 돌아가기 위해 아내와 함께 전차를 탔다. 자리에 앉아 목적지까지 가는 동안 나는 마음 깊은 곳으로부터 솟아오르는 분노와 슬픔을 삭이며 생각에 잠겨 있었다. 옆에 앉아있는 아내의 얼굴에서 눈물이 하염없이 흘러내리고 있었다. 마음이 한없이 선한 아내가 너무 억울하고 슬펐는지 속절없이 흐르는 눈물을 연신 닦아내고 있었다. 집에 돌아와서는 아이들 앞에서 태연한 척 했지만 우리는 절망과 탄식, 분노와 미움의 감정을 도저히 삭여낼 수 없었다. 우리는 한마디 밖에 할 수 없었다.

"주여, 왜?"

도대체 왜 이런 고난이 우리에게 주어졌는지 하나님의 뜻을 도저히 이해할 수 없었다.

어둠과 절망의 바다를 허우적거리다 '이러다 육적 · 영적으로 죽는 것 아니야'라는 생각이 들었다. 살기 위해서라도 기도하기로 했다. 앞으로 한 달간은 될 수 있는 대로 사람도 만나지 않고 금식하며 기도하기로 했다. 그때까지 나와 아내는 금식을 곧잘 했으나 한 달간은 해본 적이 없었다. 우리는 5일간 금식하고 회복식을 하는 방법을 반복했었다. 우리는 모든 일들을 영적으로 해석하기로 했다.

'혹독한 고난이 우연이 아니라 신실하시고 실수 없으신 하나님의 계획 속에서 주어졌다면 분명 그분이 고난을 통해 우리에게 하실 말씀이 있을 것이다.'

우리는 문제를 해결해달라고 기도하기에 앞서, 왜 그런 고난이 왔는지 주의 음성을 들려달라고 기도했다. 금식하며 오직 주님만 바라보고 부르짖었다.

하나님은 우리의 신음소리까지 들으시는 분이시다. 반드시 우리 기도에 응답하시는 분이시다. 금식기도에 들어간지 얼마 지나지 않아 나는 분명하게 들려주시는 주님의 음성을 들을 수 있었다. 나는 일본에서 처음 부임했던 교회를 떠난 뒤에 늘 마음으로 미움과 복수심을 품고 있었다. 나를 배반하고 상처를 준 자들을 말로써 원망하고 비난했다. 더 나아가 '당신들이 우리에게 이렇게 큰 아픔을 주다니, 어디 잘 되는지 두고 보자'라는 식으로 그들에 대한 하나님의 응징을 바라는 마음도 있었다. 저들에 대한 억울함과 미움을 삭이지 못하며 기도하는 내게 하나님은 내가 반드시 들고 마음에 새겨야 할 선명한 말씀을 주셨다.

> "또 네 이웃을 사랑하고 네 원수를 미워하라 하였다는 것을 너희
> 가 들었으나 나는 너희에게 이르노니 너희 원수를 사랑하며 너희
> 를 핍박하는 자를 위하여 기도하라 이같이 한즉 하늘에 계신 너
> 희 아버지의 아들이 되리니 이는 하나님이 그 해를 악인과 선인
> 에게 비취게 하시며 비를 의로운 자와 불의한 자에게 내리우심이
> 니라."(마 5:43-45)

나는 기도 가운데 이 성경 구절을 레마의 말씀으로 받았다. 말씀을 받고 보니 지금의 내 모습이 너무나 부끄러웠다. 내가 얼마나 목회자로서, 선교사로서 부족한지를 깨달았다. 이 말씀을 읽으며 감히 하나님의 자녀가 될 자격도 없는 나를 목사로까지 세워주시고, 지금까지 써 주신 하나님의 은혜가 너무나 감사하고 미안해 감히 머리를 들 수 없었다.

자녀는 부모의 유전자를 닮게 되어 있다. 하나님의 자녀라면 하나님의 마음과 성품을 닮아야 한다. 긍휼과 자비, 사랑이 풍성하신 하나님처럼 그분의 자녀들 역시 원수도 사랑해야 한다. 나를 핍박하는 자를 축복하며 그들을 위해 기도할 수 있어야 한다. 그러나 지금의 나는 어떤 모습인가? 하나님 자녀의 모습이 있는가? 내가 지금 어떻게 하고 있는가? 나에게 아픔과 상처를 주고 400만

엔을 헌금으로 드렸는데도 한 푼도 주지 않고 내어 쫓은 사람들을 향해 미움과 원망, 복수심을 갖고 있지 않은가? 심지어 그들에 대한 하나님의 응징을 바라고 있지 않은가? 그러고서 사랑과 긍휼 넘치는 하나님의 자녀라고 할 수 있을까? 도대체 그 400만 엔이 누구 것인가? 내 것은 하나도 없으며 모든 것이 하나님의 것이 아닌가? 하나님께서는 나에게 이렇게 말씀하시는 것 같았다.

"네가 일본에 와서 처음 만난 그 사람들이 악하고 못됐다 여기며 그들을 미워하고 용서하지 못하고 사랑할 수 없느냐? 그러면 지금이라도 당장 보따리를 싸서 한국으로 돌아가라! 앞으로 네가 일본에서 만나야 할 사람들은 순한 양들이 아니다. 모두 악하고, 죄 많고, 상처와 아픔투성이의 사람들이다. 그들을 사랑으로 품을 수 없다면 당장 돌아가라!"

추상같은 말씀이었다. 사실 내가 목회자로서 일본에서 만나야 할 사람들은 대부분 한국인 불법체류자, 일본인 노숙자, 일용 노동자들이다. 그들은 온갖 차별과 천대를 받으며 가난하게 살아왔기에 마음의 고통과 상처가 심한 사람들이다. 실제로 나는 한국인 노동자, 일본인 노숙자, 실업자들을 섬기며 수없이 배반당했고, 비난과 욕을 먹어야 했다. 역사적으로 우리 민족을 침략했던 일본인들은 지금도 한국인들을 내심 차별하고 무시한다. 재일동포들은 일본에서 말할 수 없는 억압과 차별을 받아왔다. 그들 모두가 일본의 선교 현장에서 만나게 될 사람들이다. 그들은 원수처럼 나를 공격할 것이고, 위로와 사랑 보다는 아픔을 더 많이 줄 것이다. 그것이 일본 선교의 현실이다. 물론 그런 현실을 애써 무시하며 평온한 목회를 할 수 있다. 그러나 나는 일찍이 낮은 곳, 더 낮은 곳으로 내려가기로 하나님께 약속한 사람이다. 하나님의 눈길이 머무는 저 낮은 곳으로 가기로 작정한 선교사다. 그럴듯한 사람들과 그럴듯한 목회를 하려면 일본에 올 필요가 없었다. 낮은 자리에 있는 자들, 나를 배반하는 사람까지 사랑하기 위해서는 "원수를 사랑하라"는 주의 말씀에 순종해야 한다. 그런 마음 없이는 어떤 사역도 할 수 없다. 누가 원수까지 사랑할 수 있는가. 죄성을 지닌 인간으로서는 할 수 없다. 오직 하나님을 경험하고, 하나님의 마음을 품은 사람만이 가능하다. 내 안에 계신 하나님께서 원수까지 사랑할 마음과 힘을 주시는 것이다.

나는 일본에서 처음 만난 성도들이 나를 배반하고 상처를 주었기에 당연히 그들을 미워하고 정죄하며 분노를 품는 것이 마땅하다고 생각했다. 그러나 그들이 아무리 나에게 악하게 대하고 마음을 아프게 했다 할지라도 그들은 여전히 하나님께서 나에게 맡기신 양들이다. 하나님은 자신의 양들을 잘 맡아달라고 나를 청지기로 부르셨다. 그런데 나는 하나님께서 잘 돌보라고 내게 맡기신 양들을 미워하고, 비난하고, 심지어 그들에게 하나님의 벌이 내리기를 바라고 있지 않은가? 나는 정말 하나님의 자녀로서도, 목사로서도 실격자임을 통렬히 고백하지 않을 수 없었다. 주님의 마음을 깨닫고 나자 너무나 내가 실망스러웠다. 나의 부족한 모습을 보고 꺼이꺼이 울 수 밖에 없었다.

말씀을 깨닫고 난 후, 나는 내게 아픔을 준 사람들을 축복하며 기도했다. 그들을 용서하고 끝까지 사랑하겠다고 기도했다. 물론 "나는 그들을 사랑한다"고 말한다면 그것은 거짓말이다. 내 의지로는 나에게 상처를 준 그들을 도저히 사랑할 수 없다. 그저 "원수를 사랑하라"는 주의 말씀에 순종해 사랑하는 마음을 달라고 간구했다. 나는 회개에 합당한 열매를 맺기 위해 하나님 앞에서 결심했다.

"하나님, 저같이 악한 종을 용서하여 주소서. 앞으로 저에게 목회를 할 기회를 다시 주신다면 누구든지 사랑하며 품고 섬기겠습니다. 설령 상대가 나를 공격하고, 배반하더라도 그들을 미워하지 않겠습니다. 당신이 저에게 붙여주신 양들을 절대로 버리지 않겠습니다."

나니와교회를 개척한 이후 나는 늘 설교를 통해, 대화를 통해 성도들에게 말한다.

"저와 우리 교회는 절대로 누구든지 버리지 않습니다. 끝까지 사랑하고 섬길 것입니다."

　왜 하나님은 부족한 나를 일본으로 보내셨을까? 왜 하나님은 일본에 그렇게 많은 선교사를 보내시는 것일까? 왜 하나님은 일본에 재일동포들을 위한 교회를 세우시고, 그들을 '디아스포라 마이너리티'로 살아가게 하실까? 일본에서 사역하면서 수없이 질문했던 사항이었다. 결국 우리는 하나님의 깊은 뜻을 알아야 한다.

　일본이 역사적으로 우리 민족을 침략하고 짓밟았다 하더라도 하나님의 사람들과 교회는 저들을 사랑하고, 환대하며, 축복해야 한다. 그들 역시 하나님의 소중한 자녀들이기 때문이다. 한때, 짓밟힘을 당한 우리들이야말로 그들에게 하나님의 조건 없는 역설적 사랑을 전할 최적임자들이다. 하나님은 한국의 크리스천들이 한때 민족의 원수였던 일본을 용서하고, 사랑하기를 원하신다. 우리가 일본의 잃어버린 영혼들에게 다가가기를 간절히 바라신다. 그들이 우상을 버리고 아버지 품으로 돌아오기를 소망하신다. 그 일에 우리가 쓰임 받아야 한다. 그것이 하나님의 뜻이라고 나는 믿는다. 날로 우경화되며 역사를 왜곡하고, 군사대국을 꿈꾸는 일본이 정의와 평화, 생명과 화해의 나라가 되기 위해서는 그들에게 피묻은 그리스도의 복음이 전해져야 한다. 다른 길은 없다. 그리스도인들의 연대야 말로 한일간의 관계를 회복시키는 가장 중요한 열쇠다.

　우리는 하나님의 신비한 영적 원리를 성경에서 발견할 수 있다.

하나님은 상처와 피해를 입은 자가 원수를 사랑하고, 그들에게 복음을 전하기 원하신다. 성경 속 요나이야기를 잘 알 것이다. 하나님께서는 요나에게 니느웨로 가서 40일 후에 임할 재앙을 선포하고 니느웨의 백성들이 주께 돌아오도록 복음을 전하라고 말씀하셨다. 하나님이 니느웨에 요나를 보내신 데는 뜻이 있다. 니느웨는 앗시리아의 수도다. 앗시리아는 수없이 이스라엘을 침략, 지배하고 무고한 백성을 죽이며 재산을 빼앗은 나라이다. 이스라엘 입장에서는 원수같은 나라다. 요나는 비록 하나님의 명령이지만 니느웨로 가기를 거부하고 다시스로 가는 배를 탔다. 요나에게는 다른 이스라엘 사람들과 마찬가지로 니느웨에 대한 미움과 원한이 있었다. 그래서 니느웨 백성들이 회개해서 결국에 잘 되는 것을 그냥 보고 있을 수 없었다. 요나는 그들이 회개하고 돌이키면 하나님이 용서해주시고 구원해 주실 것을 알았다. 그래서 그는 니느웨 대신 다시스로 간다. 하나님 명령을 듣지 않은 것이다. 그런 그를 하나님은 고래 뱃속에 들어가게 했다.

요나는 깜깜한 고래 뱃속에서 3일간을 머물렀다. 그 안에서 그는 다시금 하나님의 마음을 깨달았을 것이다. 요나는 고래 뱃속에서 회개하고 니느웨에 가서 외쳤다.

"40일이 지나면 니느웨 성은 망할 것이다. 회개하라!"

니느웨는 큰 도시라서 최소한 삼일을 돌아야 모든 백성들에게 하나님의 말씀을 전할 수 있다. 요나가 하룻길을 걸으며 멸망을 선포하자 니느웨 백성들이 회개하기 시작했다. 회개 운동이 니느웨 전역에 들불처럼 번져 왕과 신하들, 짐승까지도 회개하며 주께 돌아왔다. 하나님은 회개한 니느웨 성을 멸망에서 건져주셨다.

요나 속에 있는 미움과 원한의 앙금은 그가 회개한 후에도 뿌리 깊게 남아 있었다. 니느웨 성에 큰 부흥이 일어나자 그는 "할렐루야"를 외치며 감사하기보다 하나님을 향해 불평, 원망하며 심지어 화까지 냈다.

요나의 경우를 보더라도 우리가 원수를 사랑한다는 것은 너무나도 어려운 일이다. 인간의 능력으로는 불가능에 가깝다. 그러나 우리의 의지로라도 원수를 사랑하려 애쓸 때에 주님은 역사하신다. 한국 교회와 성도들, 재일동포들과 일본내 한인 선교사들은 마음을 다해 일본과 일본인들을 사랑하고 일본이 잘 되기를 위해 기도해야 한다. 이것이 하나님의 뜻이기 때문이다.

우리는 과거에 긴 세월동안 일본인들로부터 조센징이라고 경멸당했다. 조센징이 무엇인가. 영어로 보면 조센은 'Chosen'이다. '선택 받았다'는 뜻이다. 우리는 일본 선교를 위해 오래 전부터 하나님의 선택을 받은 하나님의 사람들이다. 우리가 민족적 앙금이 남아 있는 조센징을 넘어 하나님의 경륜 속에 담겨 있는 '영적 조센징'이 될 때, 거룩한 제사장 나라와 같은 한국이 일본의 복음화를 위한 거룩한 통로가 되기를 바라는 하나님의 소원이 이뤄지리라.

5

고난 중에 들려주시는
하나님의 말씀 2
"하나님을 사랑하라"

1997년 6월 초에 시작한 금식기도는 슬픔과 분노, 절망과 탄식 속에서 진행됐다. 내가 화가 난 것은 나에게 아픔을 준 사람들 때문만은 아니었다. 나는 하나님께 대해서도 불평과 원망이 가득하고 화가 나 있었다. 이유를 알 수 없는 고난을 주신 하나님이 도저히 이해되지 않았다. 나와 아내가 불평과 원망 속에서 기도를 시작한지 얼마 되지 않아 또 다른 하나님의 말씀이 나에게 선명하게 임했다.

"이스라엘아 들으라 우리 하나님 여호와는 오직 하나인 여호와시니 너는 마음을 다하고 성품을 다하고 힘을 다하여 네 하나님 여호와를 사랑하라."(신 6:4~5)

이 말씀은 온 이스라엘 사람들이 신앙의 기본으로 생각하는 '쉐마'의 말씀이다. "이스라엘아 들으라"는 말씀으로 시작하기에 쉐마라고 한다. 그만큼 중요하고 꼭 듣고 지켜야 할 말씀이다. 나는 왜 "마음을 다하고 성품을 다하고 힘을 다하여서 여호와를 사랑하라"는 구절이 레마의 말씀으로 나에게 주어졌는지 처음에는 이해가 되지 않았다. 왜냐하면 나는 누구보다 하나님을 사랑한다고 생각했기 때문이다.

"나는 하나님을 사랑하기에 부모님의 반대를 무릅쓰고 일본에 왔지 않은가? 하나님을 사랑하기에 말씀에 순종해 그렇게도 가기 싫어하던 선교사의 길을 지금 걷고 있지 않은가? 하나님을 사랑하기에 전 재산을 드리지 않았던가?"

겉으로 보면 나는 누구보다 하나님을 사랑하는 것 같다. 그러나 말씀 앞에서 솔직히 내 자신을 돌아보았을 때, 더 이상 하나님을 사랑한다고 말할 수 없었다. 나는 그때까지 한국에서 늘 사람들에게 인정받았으며 하나님께서 시시때때로 필요를 채워주셔서 별 탈 없이 목회를 해왔다. 교회에서 버림받고 극한 가난과 절망의 자리, 인생의 밑바닥에 처하기는 난생 처음이다. 그러자 혹독한 고난 앞에서 나의 본 모습이 드러났다. 가는 길이 열리고, 부족함이 없이 순탄한 길을 걸을 때에는 내가 하나님을 사랑하는 것처럼 보였다. 그러나 욥과 같이 하나님은 내게 있던 돈과 명예, 지위를 모두 거두어 가셨다. 나를 인생의 가장 밑바닥으로 던지셨다.

혹독한 시련의 바람 속에서 나는 여지없이 무너졌다. 순탄한 길을 걸을 때에는 그토록 주님을 사랑한다고 자신했건만 지금의 나는 절망의 구렁텅이에서 하나님을 원망하고 지독하게 불평하고 있었다. 풍성한 수확이 있고, 평안하며 안정된 삶 속에서 주님께 감사와 찬양을 올리는 것은 누구나 할 수 있다. 그러나 진정으로 주님을 사랑한다는 것은 '어떤 환경 속에서도' 그분에 대한 무한 신뢰를 버리지 않는다는 것을 의미한다. 주님이 나의 하나님이 되시고, 내가 구원받은 하나님의 자녀로 살아간다는 것 자체만으로도 감사하며 언제 무슨 일을 당하든지 변함없이 주님을 사랑해야 참으로 '주님을 사랑한다'고 표현할 수 있는 것이다. 신랑 신부는 결혼할 때 서약을 한다.

"신부(신랑)는 신랑(신부)을 결혼한 남편(아내)으로 알고 언제 무슨 일을 당하든지, 모든 경우에 사랑하고 존중히 여기며 도와주기를 서약합니까?"

남편과 아내의 부부 관계도 "조건과 환경에 상관없이 죽을 때까지 변함없이 사랑하겠다"는 약속 위에서 성립된다.

하나님은 우리의 창조주시고, 독생자 예수님을 보내어 우리를 구원해주신 아버지이시다. 하나님은 예수 그리스도를 통해 죄인된 우리를 예수 십자가의 공로로 값없이 구원해주셨다. 우리는 은혜에 빚진 자요, 구원의 기쁨을 간직한 자이다. 그러므로 평안할 때는 물론 어려운 일을 당한때에도, 건강한때에도 병든 때에도, 성공의 때에도 실패의 때에도, 행복한때에도 불행한때에도 변함없이 주님을 사랑하는 것이 마땅하다. 하박국 선지자는 우리가 어떻게 하나님께 감사하고 찬양해야 하는 지를 가르쳐 주고 있다.

"비록 무화과나무가 무성치 못하며 포도나무에 열매가 없으며 감람나무에 소출이 없으며 밭에 식물이 없으며 우리에 양이 없으며 외양간에 소가 없을찌라도 나는 여호와를 인하여 즐거워하며 나의 구원의 하나님을 인하여 기뻐하리로다."(하박국 3:17~18)

우리가 주님을 찬양해야 하는 이유는 내게 많은 소출이 있고 가축이 많아졌기 때문이 아니다. 우리는 하나님의 지갑만을 사랑해서 안 된다. 하나님이 나에게 물질과 일용할 양식을 주시는 것과는 상관없이 창조주 하나님이 나의 하나님 되신 것과 그분이 나를 구원해주신 것을 기억하며 늘 구원의 기쁨으로 찬양해야 한다.

나는 한때, 예수님의 십자가의 죽음이 어떻게 나와 전 인류의 구속이 되는지가 믿어지지 않아 깊은 회의와 고민에 빠진 적이 있었다. 남에게 복음을 전할지라도 나 스스로가 그 문제에 걸려 넘어져 구원에 이르지 못할 것 같아 두려웠다. 그래서 교회에서 기도하며 성경을 읽고 구원론에 대한 책을 읽었다.

그러면서 진리를 깨달았다. '깨달았다'라고 하기보다는 '깨달아졌다'는 표현이 옳을 것이다. 비록 나의 이성으로는 이해할 수 없어도 성경을 통해서 계시의 영이 임했을 때, 하나님이 말씀하신 모든 것이 진리라는 사실이 깨달아졌다. 그것이 내겐 기적과도 같았다. 내가 예수를 믿고 영접하는 순간, 하나님께서는 과거 현재 미래의 내 모든 죄를 사해주시고 나를 의롭다고 인정하셨다는 사실이 믿겨지게 된 것이다. 그때, 먹보다도 더 검은 내 죄가 사함 받아 흰 눈같이 희게 된 것을 깨달았다. 진리는 참으로 인간을 자유하게 한다. 깨달음의 순간, 죄에서 자유하게 된 기쁨과 감사가 마음속 깊은 곳에서 올라오며 참회의 눈물을 흘리게 됐다. 이후 늘 구원의 기쁨과 감격으로 나 같은 죄인 살리신 주님께 감사하며 감격의 눈물을 흘렸다.

나는 "하나님을 사랑하라"는 말씀을 받은 후에 하나님을 사랑하는 삶을 실제 내 삶에 적용하고 실천하기로 했다. 하나님을 사랑하는 증거로 하나님이 나를 어디로 보내든지 가겠다고 다짐했다. 가난하고, 힘들고, 비난을 받고, 조롱거리가 되어도 주님을 사랑하는 마음으로 부르심 받은 그 자리에서 묵묵히 인내하며 사명을 감당하기로 했다. 노숙자 선교를 하면서 얼마나 많이 그 현장을 떠나고 싶었는지 모른다. 그러나 "하나님을 사랑하라"는 말씀이 언제나 나에게 그 자리를 지키게 했다. 극한 가난 속에서도 노숙자들에게 주먹밥과 된장국을 만들어 나누는 사역을 멈추지 않았던 동력은 바로 "하나님을 사랑하라"는 그 음성이었다.

또한 나는 하나님을 사랑하는 증거로 언제 어디서나 말씀에 순종하기로 했다. 가난하고 힘들어도 먼저 복음을 전하며 맡겨주신 일에 최선을 다하기로 했다. 비록 아무것도 없이 힘들게 살아가더라도 상처입고 버림받은 자들에게 복음을 전하는 일에 힘쓰면 하나님께서 내 모든 삶의 필요를 채워주시리라는 강한 확신이 있었다.

"하나님을 사랑하라"는 말씀을 받은 후에 나와 아내는 한달간의 금식기도 코드를 '슬픔과 탄식에서 감사와 찬양으로' 바꿨다. 처음에는 억지로 감사하고 찬양했지만 시간이 지나갈수록 진심으로 기뻐하며 찬양하게 되었다. 정말로 감사와 찬양에는 힘이 있었다. 환경을 뛰어넘어 감사하고 찬양했을 때, 내 영이 새로워지는 것을 경험했다. 그러면서 삶의 DNA가 감사와 찬양으로 바뀌어, 결국 '범사에 감사'하는 삶이 가능하게 됐다.

우리는 매일 아침 아이들을 학교에 보낸 후에 방을 몇 바퀴씩 돌며 기쁨으로 춤추며 찬양했다. 매 순간마다 육으로 찬양하고 영으로 찬양하며, 육으로 기도하고 영으로 기도하는 삶을 살다보니 상처투성이였던 우리 마음이 회복되면서 걱정의 구름으로 컴컴했던 하늘이 보이기 시작했다. 어둡고 답답한 현실만 바라보며 나를 지키시고 함께 하시며 능히 도우시는 하나님은 보지 못했던 영의 눈과 믿음의 눈이 드디어 열린 것이다. 전능하신 하나님께서 함께 하시면 비록 맨 바닥에서 교회를 개척할지라도 많은 영혼을 구원하며 끝내 하나님 기뻐하시는 교회를 세울 수 있다는 꿈을 꿀 수 있었다. 우리는 비록 가진 재물이 없지만 "금도 내 것이요 은도 내 것"이라고 말씀하신 하나님이 우리의 먹고 사는 모든 필요를 채워 주실 것을 확신하게 되었다.

이뿐 아니라 우리의 부정적이고 절망적인 마음과 생각도 긍정적이고 희망적으로 바뀌게 되었다. 처음에는 '하나님이 이유 없이 고난을 주시며 우리를 버리셨다'고 생각하며 불평, 원망을 했다. 그러나 은혜를 받은 후에는 그 모든 것이 전능하신 하나님께서 나를 크게 쓰시기 위해 주신 '필요한 고난'으로 여겨졌다. 반전(反轉)의 하나님께서 낮추신 만큼 높여 주시며 불로 연단한 후에 정금같이 귀하게 쓰시리라는 확신이 들었다. 인간은 자기가 경험한 세상 이상을 도저히 이해할 수 없다. 실제로 버림받고, 상처를 입고, 극한 가난을 겪어보지 않았다면 어떻게 내가 가난한 자, 버림받은 자, 상처 입은 자를 이해하고 섬길 수 있었을까를 생각하며 고난을 주신 하나님께 감사하지 않을 수 없었다. 한 달간의 금식기도를 드리며 우리는 우리 힘으로 할 수 있는 일은 아무것도 없다는 사실을 깨달았다. 오직 하나님만 의지할 수밖에 없었다. 우리의 의지와 욕망을 내려놓고 가난한 마음으로 간절히 기도했다.

"하나님 저희에게 한 번만 더 목회할 기회를 주십시오. 그러면 하나님께서 어디로 보내시든지, 무슨 일을 맡기시든지 순종하겠습니다."

기도를 드린 후에 나와 아내는 서로 비슷한 감동을 받았다. "앞으로 상처받고, 버림받고, 아무도 돌보지 않는 사회 밑바닥에 있는 소외된 사람들에게 복음을 전하자"며 서로의 비전을 나눴다. 우리는 앞으로 펼쳐질 그 길이 얼마나 험한 길인지 알지 못했지만 하나님이 우리 마음에 감동을 주신대로 오사카에서 가장 가난하고 그늘진 곳인 니시나리구 가마가사키의 상처 입은 외로운 자들을 찾아 나섰다.

하나님을 진심으로 만난 후 김종현 목사 부부는 오사카의 가장 소외된 자들을 찾아 나서기로 했다. 김 목사가 노숙자 급식 현장을 둘러보고 있다

2
오직 주님만
의지하라!

하나님은 당신을 사랑함으로 주의 길을 가며 복음을
전하는 우리들에게 약속의 말씀대로 모든 것을 채워
주시고 길을 열어주셨다. 하나님의 기적은 그 후로 계
속되었다. 나니와교회에 임한 만나와 메추라기는 결
코 다함이 없었다. 내가 매일 광야 같은 개척의 길을
기쁘게 걸을 수 있었던 것은 오직 부족함 없이 채워주
시는 주님의 기적을 체험했기 때문이다. 이것이 우리
의 간증이요, 우리의 찬송이다. 그래서 나니와교회의
이야기는 하나님이 부어주신 기적의 이야기다.

◆

하나님은 자신을 내려놓고 오직 하나님의 인도만을
따라 사는 자를 찾으신다. 하나님은 오늘 우리들에게
도 사명과 말씀, 시험을 주시며 불꽃같은 눈으로 우리
가 어떻게 행동하는가를 지켜보신다. 하나님은 시험
을 통해 우리가 어떤 경우에도 모든 것을 버리고 당신
을 따르는가를 지켜보신다.

6

나니와교회의 개척

1997년 6월 말경부터 우리는 오사카 니시나리구 가마가사 키를 중심으로 전도활동을 시작했다. 아직 일본어를 자유롭게 할 수 없었던 나는 먼저 한국 노동자들에게 전도하려고 아내와 함께 니시나리 노동센터 주변을 찾아갔다. 먼저 노동센터 주변에서 포장마차를 운영하는 알고 지내는 여 집사님을 찾아갔다.

"집사님, 이곳에서 가장 어려운 형편에 있는 사람을 소개해 주세요."

집사님은 노동센터에서 일용 노동을 하다 중풍으로 쓰러져 구급차에 실려가 중환자실에 입원해 있던 김 모 형제(당시 51세)를 소개해 주었다. 우리가 병원을 찾아가보니 그 형제는 어느 정도 회복되어 일반 병실에 입원해 있었다. 우리는 매일 병원을 찾아가

기도하며 위로해 주었다. 다행히 형제는 상태가 점차 나아서 조금씩 걸을 수 있게 되었다. 그가 말을 할 수 있게 된 후에 경찰과 구청직원들이 와서 신원을 조사했다. 조사 결과, 그가 불법 체류자라는 사실이 밝혀지자 병원은 아무런 대책 없이 내보내려 했다. 그래서 내가 신원보증인이 되어 형제를 우리 집에 데려왔다. 이후 우리는 좁은 방에서 잘 알지도 못하는 한국인 노동자와 함께 살아야 했다. 지금 돌이켜 생각해보면 아내와 딸이 무척 불편했을 것 같다. 그러나 그때는 가족들을 배려할 여유가 없었다. 단지 죽어가는 환자를 살리고 전도하고 싶은 마음에 나와 집사람은 매일 기도하고 예배를 드렸다. 하나님의 은혜로 그의 건강은 날로 좋아져서 제법 잘 걷게 되었고 말도 의사소통이 충분히 될 만큼 회복되었다. 거친 호흡이 안정을 찾고 소화기능도 회복되어 잘 먹게 되었다. 건강이 회복된 그는 어느 날 "니시나리 노동센터에 걸어서 다녀오겠다"며 지팡이를 짚고 집을 나섰다. 그는 센터까지의 먼 길을 걸어가 동료 노동자들에게 열심히 전도했다.

우리는 1997년 7월 6일 오사카시 스미노에구 하마구치 히가시 메존아사 아파트에서 교회 이름도 없이 창립 예배를 드렸다. 처음 주일 예배를 드리며 교회로서 첫발을 내딛던 7월 첫 주일에는 김 모 형제가 전도한 4~5명의 노동자들, 재일동포 이시타 상과 그가 인도한 자매, 우리 가족 등 10명 이상이 모였다. 매우 좁은 방에 10명 이상이 모여 예배드리자니 참석자들이 불편해했던 것은 물론 이웃에게도 소란을 피운 것 같아 미안했다. 그럼에도 하나님의 교회가 시작되었다는 기쁨에 벅찬 마음을 가눌 길 없었다. 당시 나는 노동자들 중에 병이나 사고로 누군가의 도움이 필요한 자, 일자리가 없어 방세를 낼 수 없는 자들을 하나 둘씩 집으로 데려와 공동생활을 했다.

교회를 시작하자마자 아파트가 너무 좁아 예배 처소를 얻어 나가지 않으면 안 되었다. 우리 부부를 비롯해 온 공동체는 하나님께 "교회당을 주세요"라고 기도했다. 참으로 간절한 기도였다. 가난한 자, 갈 곳 없는 자들을 섬기는 우리의 신음과 같은 기도에 하나님은 귀 기울여 주셨다. 어느 날, 일본에서 만나 알게 된 어느 여전도사님으로부터 전화가 왔다.

"목사님, 지금 어떻게 지내십니까?"

"예, 저는 먼저 섬기던 교회를 사임하고 아무것도 없이 아파트에서 교회를 시작했습니다. 그런데 교회를 시작하자마자 사람들이 많이 모여 집이 좁아 교회당을 주시라고 기도하고 있습니다."

"아, 그러세요? 제가 기도할 때 마다 목사님 얼굴이 떠올랐습니다. 그래서 전화했습니다. 목사님, 제게 오사카 사쿠라가와에 작은 3층 집이 있습니다. 괜찮으시다면 사용하십시오. 집세는 형편되는대로 주면 됩니다."

나와 아내는 바로 전도사님이 말한 사쿠라가와의 3층 집을 보러갔다. 1층은 누군가 중국집을 하다 야반도주를 한 흔적이 그대로 남아 있었다. 어지럽게 그릇이 흩어져 있었고, 이곳저곳에서 바퀴벌레가 튀어나왔다. 2층은 홀과 주방이었다. 3층에는 2개의 다다미 방이 있었다. 우리는 무엇보다 우리만의 공간이 생겼다는 것이 너무나 기뻤다. 돈이 없으니 당분간 2층에서 예배를 드리다 형편이 되면 1층을 리모델링해 교회당으로 사용하면 될 것 같았다.

아무튼 지금보다는 훨씬 공간이 넓어지고 장차 교회당을 별도로 꾸밀 수 있기에 그 집을 빌리기로 했다. 우리 가족은 매일 자전거를 타고 오사카 맨 끝 변두리에 위치한 집에서 오사카 중심의 3층 건물까지 가서 기도했다. 기도하는 가운데 욕심이 생겼다. 하나님께 1층에 예배당을 꾸미게 해달라고 기도했다.

"여기까지 인도하신 에벤에셀 하나님, 이왕이면 1층을 예배당으로 꾸밀 수 있도록 필요한 재정과 사람을 붙여주세요"

기도한 지 얼마 지나지 않아 재일대한기독교회 총회 전도국장 박미웅 목사님이 오셔서 개척 교회지원금으로 45만 엔을 주셨다. 우리는 5만 엔을 더 모아 50만 엔으로 교회당 리모델링을 하기로 했다. 며칠 후에 우리 교회에 출석하는 이시타 상이 찾아왔다. 그는 건물 리모델링 공사를 자기에게 맡겨달라고 했다. 그에게 이렇게 말했다.

"이시타 상, 교회가 준비한 공사비용은 50만 엔 밖에 되지 않아요. 그러니 50만 엔 분만 공사를 해주세요. 건물 전체를 멋지게 리모델링하는 것은 이시타 상 자유지만 우리에겐 더 이상 지불할 돈이 없습니다."

이시타 상은 야쿠자 출신으로 일본말로 기마에(배짱)가 있었다. 그는 교회당을 1층부터 3층까지 깨끗하게 수리해 주고 교회 간판까지 달아주었다. 물론 50만 엔 이상은 요구하지 않았다. 이 역시 우리에게는 기적과도 같은 일이었다.

가난하게 산다는 것은 불편하다. 그러나 가난하기에 더욱 주님을 의지하게 된다. 하나님을 의지하며 그분께 간절히 기도할 때 기적을 경험한다. 하나님께서는 작고 가난한 자가 부르짖는 기도를 외면하지 않으신다. 신속히 응답해 주신다. 아무것도 보이지 않고, 누구도 귀 기울이지 않는 것 같지만 하나님의 눈이 보고 계시며, 하나님의 귀가 듣고 계시며, 하나님의 마음이 움직이고 계신다. 가난하기에 기도하며 전능자를 의지할 수 있다는 것은 오히려 축복이다. 그런 면에서 가난은 변장된 축복일 수 있다. 이렇게 우리는 말씀과 기도를 통해 삶을 재해석할 수 있게 되었다.

드디어 1997년 8월 31일, 말끔히 꾸며진 건물로 우리 집과 교회가 이사했다. 우리는 먼저 아무것도 없는 우리에게 교회당과 살 집을 주신 하나님께 감사를 드렸다. 새로운 교회당에서 예배하며 주변으로 전도 나가고, 니시나리 전역을 돌며 봉사와 구제에 힘썼다.

9월 28일에는 재일대한기독교회 관서지방회의 허락을 받아 정식으로 관서지방회 소속 각 교회 목사님과 장로님, 여러 성도님들이 참석한 가운데 '나니와(浪速)전도소' 개소 예배를 드렸다. 재일대한기독교회는 세례교인 20명 이하의 교회는 전도소라 부른다. 세례교인 20명 이상이 되면 전도소는 교회로 승격하게 된다.

자, 그러면 왜 교회 이름을 '나니와(浪速)교회'라고 지었는가? 그동안 내가 수없이 많이 들었던 이야기다. 일단 나니와는 지역 이름이다. 한국이나 일본이나 지역명을 따서 교회 이름을 짓는 것이 일반적이다. 당시 우리 교회가 위치한 사쿠라가와(桜川)는 나니와(浪速)구에 속해 있었다. 그렇다고 단지 지역명만을 따서 '나니와교회'라고 이름을 지은 것은 아니다. 나니와는 본래 오사카의 옛 이름이다. 그래서 나니와교회는 오사카교회라는 말도 된다. 우리는 '오사카 전역의 잃어버린 영혼들에게 복음을 전한다'는 큰 뜻을 품고 교회 이름을 지은 것이다.

그리고 또 한가지 중요한 이유가 나니와라는 이름 속에 담겨 있다. '나니와(浪速)'는 한자로 '급하고 강한 물결'이라는 뜻이다. 우리는 교회를 통해 성령의 생수가 강물처럼 흘러나와 갈급하고 상한 심령을 적시고 치유하며 회복시키기를 바라는 마음을 담아 '나니와교회'라는 이름을 지었다.

연약한 인간의 힘만으로는 세상의 버림을 받아 불신과 경계심 가득한 사회 저변의 가난한 자들을 주님 앞으로 인도할 수 없다. 굳게 닫힌 그들 마음의 문을 인간의 힘만으로는 도저히 열 수 없는 것이다. 성령의 능력이 필요하다. 초대 교회로부터 이 땅의 교회는 성령의 바람을 타고 성장했다. 나니와교회라는 이름 속에는 성령이 생생하게 역사하는 교회가 되어 사람을 살릴 수 있기를 간절히 바라는 마음이 담겨 있다. 매일 나니와교회를 부르고 외칠 때, 우리는 성령님을 초청하는 것이다. 그때, 우리 자신을 내려놓고 성령의 운행하심을 기대하게 된다. 우리는 진심으로 인간의 계획과 능력이 아니라 성령이 함께하는 교회를 추구했다.

나니와교회는 창립 초기부터 사랑의 공동체로 시작되었다. 중병에 걸리거나 사고를 당한 사람, 먹을 것과 집이 없는 자들을 우리 집에 데려와 함께 살기 시작한 '사랑의 집' 가족 공동체 사역은 사쿠라가와에서도 계속됐다. 우리는 사쿠라가와 1층 교회당에서 4~5명의 집 없는 한국인 일용 노동자 형제들과 함께 생활했다.

당시 우리의 일차 전도 대상자는 한국인 노동자들이었다. 우리 부부는 일주일에 서너 차례 새벽 4~5시에 일어나 직접 끓인 커피와 인삼차를 니시나리 노동센터의 한국 노동자들에게 나누어 주며 전도했다. 그런데 어느 정도 시간이 지난 후에 한국인 노동자들에게 전도하려고 커피와 인삼차를 가지고 간 우리 부부는 그곳의 장면에 깜짝 놀랐다. 추운 날씨 가운데 많은 일본인 일용직 노동자들과 홈리스들이 따뜻한 커피와 인삼차를 마시려고 길에 줄을 서 있지 않은가. 한국인 노동자들의 호응은 별로 많지 않았지만 오히려 많은 일본 노동자들과 홈리스들이 줄 서서 감사함으로 받아 마셨다. 우리는 경제대국인 일본에 따뜻한 커피 한 잔에 마음으로부터 감사할 정도로 굶주린 가난한 자들과 홈리스들이 많이 있다는 사실에 놀라지 않을 수 없었다.

사쿠라가와에서 가마가사키까지 멀다면 먼 거리를 우리는 일주일에 3~4회씩 새벽마다 자전거를 타고 찾아가 따뜻한 차를 한국과 일본의 노동자들과 홈리스들에게 나누어 주며 전도하는 사역을 지속했다. 우리가 새벽마다 자전거에 커피포트를 가득 싣고 가 전도한다는 소식을 듣고 박미웅 목사님이 찾아 오셔서 우리를 염려하는 마음으로 말씀하셨다.

"김 목사님, 차를 사세요. 사모님은 일본에 와서 처음 자전거를 배워 타기 시작한 초보자신데 넘어지면 큰일납니다."

박 목사님은 우리 주머니 사정을 잘 모른 채 돈 한 푼 주지 않으면서 차를 사야한다고 하셨다. 돈이 없으면 어쩔 수 없다. 우리는 또 다시 하나님의 하늘 창고를 여는 기도를 드렸다.

"하나님, 전도 열심히 하겠으니 봉고차 한대 주세요."

이번에도 여지없이 하나님은 신속히 기도에 응답해주셨다. 기도하던 중에 오사카교회 초청으로 여성회(여선교회) 헌신예배 설교를 인도하고 돌아왔다. 며칠 후, 오사카교회 담임 목사님으로부터 전화가 왔다.

"김 목사님, 누군가가 이름을 밝히지 않고 나니와교회에 보내라며 50만 엔을 헌금하셨어요."

나는 "할렐루야"를 외치며 박미웅 목사님께 중고차 구입과 차량 등록, 주차장 대여 등을 위해 얼마의 비용이 필요한지 알아봐 달라고 부탁했다. 박 목사님은 최소 80만 엔이 필요하다고 했다. 우리는 하는 수 없이 또 다시 30만 엔을 채워주시라고 하나님께 기도했다. 기도를 시작한지 얼마 지나지 않았는데 한국 울산에서 전화가 왔다. 어려울 때 마다 우리를 도와왔던 자매의 전화였다.

"목사님, 하나님이 나니와교회를 생각나게 하시네요. 요즘 나니와교회는 부흥 많이 했어요? 혹시 제가 도울 일이 없나요?"

정말 예기치 않았던 전화였다. 우리는 바로 하나님이 기도에 응답하셨다는 것을 깨달았다. 그래서 차량 구입에 필요한 30만 엔을 위해 기도하고 있다고 자매에게 전했다. 며칠 후, 그 자매로부터 다시 전화가 왔다.

"기도 가운데 하나님이 나니와교회에 헌금하라고 하시는데 지금 저에겐 30만 엔이 없습니다. 그러나 마이너스 통장 대출을 받아서라도 헌금하고 싶습니다. 목사님 기도해주세요."

당시는 한국이 IMF 금융위기를 겪고 있던 시기였기에 마이너스 통장 대출을 받기란 거의 불가능했다. 그러나 자매는 며칠 후에 마이너스 통장 대출이 허락되었다며 30만 엔을 보내왔다. 이렇듯, 우리가 기도할 때 마다 하나님께서는 우리 필요를 정확히 채워주셨다. 기도할 때, 기적이 상식이 되는 것을 느끼고 경험한다. 그것은 너무나 짜릿한 경험이었다. 기도에 대한 하나님의 응답은 참으로 정확했다. 진실로 기도하면 분명하게 응답된다.

"네 하나님 여호와께서 네 열조 아브라함과 이삭과 야곱을 향하여 네게 주리라 맹세하신 땅으로 너로 들어가게 하시고 네가 건축하지 아니한 크고 아름다운 성읍을 얻게 하시며 네가 채우지 아니한 아름다운 물건이 가득한 집을 얻게 하시며 네가 파지 아니한 우물을 얻게 하시며 네가 심지 아니한 포도원과 감람나무를 얻게 하사 너로 배불리 먹게 하실 때에 너는 조심하여 너를 애굽 땅 종 되었던 집에서 인도하여 내신 여호와를 잊지 말고 네 하나님 여호와를 경외하며 섬기며 그 이름으로 맹세할 것이니라."

(신명기 6:10~13)

나는 하나님을 사랑하고 그분의 말씀과 인도에 충실히 따르면 하나님께서 내가 짓지 않은 집과 내가 심지 않은 과실, 도구, 저수

지를 주시겠다는 신명기 6장의 약속을 철썩같이 믿게 되었다. 그래서 아무리 어려워도 걱정하지 않았다. 오직 믿음으로 기도했다. 우리가 금식하며 기도할 때 십팔번처럼 불렀던 것이 '여호와를 사랑하라'는 찬양이었다. 나는 놀 줄 몰랐고 고생을 많이 해서인지 처음부터 끝까지 부를 줄 아는 유행가가 없다. 그러나 '여호와를 사랑하라'는 찬양은 수없이 불렀다. 지금도 신명기 6장의 쉐마의 말씀을 중심으로 간증 설교를 할 때마다 어김없이 이 찬양을 부르며 끝을 맺는다.

'마음을 다하고 성품을 다하고/ 힘을 다하여서 여호와를 사랑하라/ 네게 준 계명을 마음에 새기고/ 부지런히 부지런히 이웃에게 전하여라/ 그러면 네가 짓지 않은 큰 집을 주리라/ 내가 심지 않은 과실을 먹게 하리라/ 그러나 한가지는 잊지 말아라/ 죄인된 우리를 구원하신 여호와를.'

피조물인 우리가 창조주 하나님을 사랑하고 찬양하는 것은 너무 당연한 일이다. 하나님은 당신을 사랑하는 자에게 놀라운 은혜를 베풀어 주신다. 이 사실을 체험하면서부터 우리 삶의 패러다임이 바뀌진다. 이 사실을 믿고 나서 나는 어떤 어려움이 올지라도 늘 주님의 은혜를 찬양하며 감사할 수 있었다. 울며 씨를 뿌리면 기쁨으로 단을 거둘 것임을 믿었다. 그러면서 개척의 길을 한 걸음 한 걸음 걸을 수 있었다. 지금 내가 걷는 이 걸음걸음이 길이 되어 수많은 사람들이 주의 심장 가지고 복음 전하는 부르심에 응답하기를 바라면서….

우리는 가진 모든 것을 주님께 드렸고 아무것도 없는 제로베이스에서 교회를 시작했지만 주님은 우리가 부르짖어 기도할 때마다 성실하게 기적을 행하여 주셨다.

"여호와여 주는 나의 하나님이시라 내가 주를 높이고 주의 이름을 찬송하오리니 주는 기사를 옛적에 정하신 뜻대로 성실함과 진실함으로 행하셨음이라."(이사야 25:1)

하나님은 당신을 사랑함으로 주의 길을 가며 복음을 전하는 우리들에게 약속의 말씀대로 모든 것을 채워주시고 길을 열어주셨다. 하나님의 기적은 그 후로 계속되었다. 나니와교회에 임한 만나와 메추라기는 결코 다함이 없었다. 내가 매일 광야 같은 개척의 길을 기쁘게 걸을 수 있었던 것은 오직 부족함 없이 채워주시는 주님의 기적을 체험했기 때문이다. 이것이 우리의 간증이요, 우리의 찬송이다. 그래서 나니와교회의 이야기는 하나님이 부어주신 기적의 이야기다.

7

물질의 염려를 극복하는 법
"주님만 의지하라"

나니와교회 개척 이후 나는 지금까지 한 번도 걸어보지 못한 길을 걸어야 했다. 한국에서는 가난한 자들과 함께 자고, 먹고, 생활하는 '사랑의 집'을 운영해 본 적이 없었다. 홈리스들에게 무료급식을 해 본적도 없다. 나는 교회를 시작한 후에 물질의 염려에 사로잡혔다.

'지금 우리는 네 식구 먹고 살기도 힘든데 함께 사는 가족이 늘어 가면 어떻게 살 수 있을까. 가난한 자들을 섬기다 보니 들어오는 수입은 없고 지출은 감당할 수 없을 정도로 늘어 가는데 이 곤고한 삶을 어떻게 타개해 나간단 말인가.'

사실 그리스도인에게 염려와 걱정은 만군의 하나님, 우리의 모든 필요를 채워주시는 하나님의 이름을 욕되게 하는 일이다. 그러나 오랫동안 가난한 삶을 이어가다 보니 늘 물질의 염려와 싸워야만 했다. 나니와교회를 개척하고 얼마 안 되어 나는 심각한 고민에 빠졌다. '어떻게 가족들과 함께 살아가는 형제들을 먹여 살릴까?' 아무리 생각해도 방법이 없었다. 고민 끝에 내가 일용 노동을 해서라도 생계를 꾸려가야겠다고 결심했다. 아내에게 그 결심을 전했다. "아무래도 내가 '노가다 일'을 해서라도 돈을 벌어야겠어!" 아내는 내 이야기를 듣고 크게 반발하며 반대했다.

"당신이 돈 벌기 위해 나간다면 먼저 나와 이혼하세요. 뭐하러 우리가 일본에 왔습니까? 선교하러 왔지 돈 벌려고 왔나요? 당신이 목회자인데 오직 하나님만 의지하고 나아가셔야지요. 하나님을 의지하면 그분께서 채워주십니다!"

아내는 목사인 나보다 훨씬 더 믿음이 강했다. 사실 내 목회의 절반, 아니 그 이상을 아내가 담당한다. 나는 말이 없고, 화도 잘 내서 교인들에게 별로 인기가 없다. 우리 교회엔 나보다 아내의 위로와 사랑에 호감을 느끼는 성도가 대부분이다. 아내 없이는 목회 할 수 없기에 하는 수 없이 꼬리를 내리고 일하러 가지 않겠다고 말했다.

이스라엘 백성이 40년의 광야 생활 동안 하나님만 의지하며 하나님이 주시는 메추라기와 만나로 살았듯이 우리 역시 하나님이 주시는 양식으로만 살기 위해 매일 매일 기도하며 주님을 의지하기로 했다. 새벽 기도와 더불어 저녁 8시에 온 가족이 함께 기도

했다. 처음 기도를 시작할 때에 아들 성태와 딸 선영이는 "기도하러 가자"면 귀찮아하고 싫어했다. 당시 아들은 초등학교 6학년생, 딸은 4학년생이었으니 기도하기보다 놀기를 좋아하는 것이 당연했다. 그러나 매일 기도를 지속하면서 아이들이 달라졌다. 어쩌다 우리가 기도 시간을 어기면 아이들은 나와 아내를 재촉하며 기도하러 가자고 했다. 아이들은 육신의 부모는 가난하지만 하늘 아버지가 부요하다는 사실을 알고, 그 하늘 아버지를 의지해야 밥을 먹을 수 있고 학교도 다닐 수 있다 생각했나 보다.

우리 가족의 모험이 시작되었다. 삶의 모든 필요를 주님께 맡기고 오직 기도하며 사는 모험 말이다. 과거에 한 번도 해보지 않았던 모험이었지만 너무나 짜릿했다. 하나님은 돕는 천사를 보내 정확히 우리의 필요를 채워주셨다.

그러나 이 땅에 발 딛고 살기에 염려와 걱정은 언제나 나를 따라다녔다. 만나와 메추라기를 공급받았음에도 불평하며 염려했던 이스라엘 백성들처럼 나도 주님만 의지하는 삶이 너무나 불안해 내일 일을 염려하다 자주 시험에 들곤 했다.

베드로는 성공적으로 물 위를 걷다가 예수님 대신 거친 파도를 바라보았을 때, 두려움에 사로잡혀 물에 빠졌다. 이같이 믿음의 사람들에게도 이 땅에서 주님만 의지해 산다는 것은 두렵고 불안한 일이다. 그래서 나는 꼼수를 썼다. 보이지 않는 하나님보다 보이는 인간이 더 믿음직스러워 사람에게 도움 받으려 했다.

당시 우리 교회에 비교적 생활이 넉넉한 한 자매가 나오고 있었다. 현역 야쿠자인 그녀의 남편은 아내에게 생활비를 제법 많이 주었던 것 같다. 그녀는 파친코(도박)와 쓸데없는 쇼핑에 많은 돈을 쓰고 있었다. 나는 그 자매에게 어렵게 부탁했다.

"우리 교회가 지금 노숙자들과 가난한 사람들을 돕기 위해 무료급식과 공동생활을 하는데 여기에는 많은 돈이 필요합니다. 지금 교회 형편이 너무 어렵습니다. 쌀을 살 수 있도록 헌금 좀 해주세요."

그 자매는 나의 부탁을 받고도 헌금을 하지 않았다. 오히려 "목사가 헌금을 강요했다"고 퍼뜨렸다. 사람을 의지해 도움 받으려다 오히려 나쁜 소문만 나게 되었던 것이다. 나는 큰 교훈을 얻었다. 더 이상 사람에게 도움을 구하거나 그들의 옆구리를 찔러 헌금하게 하는 일은 하지 않겠다고 결심했다.

그럼에도 우리가 도와야할 사람들은 너무나 많았다. '어떻게 하면 수많은 사람들을 먹이고 구제하는 일을 계속해서 이어갈 수 있을까'에 대해 생각하던 어느 날, 조지 뮬러의 책을 읽게 되었다. '평생 5만 번 기도응답을 받은 믿음의 사람"고아들의 아버지'로 널리 알려진 조지 뮬러는 영국에서 고아원을 세워 수많은 고아들을 양육해야 했다. 그는 어떻게 수많은 고아들을 먹여 살릴 수 있었는지에 대해 이렇게 말하고 있다.

"우리가 필요한 것을 미리 쌓아 놓은 적은 없었습니다. 절박한 상황에서 오직 기도를 통해 하나님께 구할 것을 아뢰었습니다. 언제나 하나님은 우리의 필요에 응답하셨습니다. 우리는 결코 사람의 도움을 구하지 않았습니다. 우리는 오직 하나님만을 의지했습니다. 지난 수십 년 동안 하나님은 한 번도 우리들을 굶기지 않으셨습니다. 믿음의 삶을 사는 가운데 많은 어려움이 따를 것입니다. 하나님으로부터 온전한 응답을 받기 위해 수 천 번, 아니 수 만 번 기도해야 할지도 모릅니다. 그러나 믿으십시오. 결국에 가서 하나님은 그분을 의지하는 사람에게 응답해주신다는 사실을요."

나는 조지 뮬러의 책을 읽고 기도하며 노숙자 선교와 무료급식, 구제를 지속하기 위한 우리만의 5가지 원칙을 다음과 같이 정했다.

첫째, 내일 양식이 없어도 오늘 있는 것으로 구제한다.

모세는 광야에서 이스라엘 백성들에게 "만나를 거둘 때 하루 분만을 거두고 내일까지 남겨두지 말라"고 했다. 예수님께서도 내일 일을 염려하지 말고 주님께 맡기라고 말씀하셨다.

"그러므로 내일 일을 위하여 염려하지 말라 내일 일은 내일 염려할 것이요 한 날 괴로움은 그날에 족하니라."(마 6:34)

둘째, 물질을 얻기 위하여 사람에게 가지 않고 오직 하나님만 의지하며 기도한다.

셋째, 아무리 돈이 없어도 사람에게는 절대로 빌리지 않는다.

"피차 사랑의 빚 외에는 아무에게든지 아무 빚도 지지 말라 남을 사랑하는 자는 율법을 다 이루었느니라."(롬 13:8)

넷째, 돈이 없으면 내가 가진 오병이어를 드리며 내가 가지고 있는 것을 팔아서 구제한다.

"너희 소유를 팔아 구제하여 낡아지지 아니하는 주머니를 만들라 곧 하늘에 둔바 다함이 없는 보물이니 거기는 도적도 가까이 하는 일이 없고 좀도 먹는 일이 없느니라."(눅 12:33)

나는 지금까지 일본에서 다른 교회나 집회에서 설교와 강연, 혹은 장례 인도 후 받은 사례비를 개인적으로 사용한 적이 한 번도 없다. 모두 교회에 헌금했다. 뿐만 아니라 교회가 어려울 때마다 내가 가진 모든 것을 바쳤다.

다섯째, 그래도 물질이 채워지지 않으면 주님이 주실 때까지 그분만 의지하며 기도한다.

하나님은 3년간 우리를 강하게 훈련시키셨다. 절대로 물질을 얻기 위한 일을 하지 못하도록 막으셨다. 사람을 의지하거나 그들에게 돈을 빌리지도 못하게 하셨다. 심지어 우리 활동을 홍보하는 전단을 만들어 후원금을 모금하는 것도 허락하지 않으셨다. 광야 훈련을 받았던 이스라엘 백성들처럼, 엘리야처럼 오직 하나님만 의지하게 했다. 이스라엘 백성은 40년의 광야 생활동안 하나님이 주시는 만나와 메추라기만을 먹으며 살았다. 무려 40년간 말이다! 엘리야는 그릿 시냇가에서 하나님만 의지하여 까마귀가 아침, 저녁으로 물어다 주는 떡과 고기를 먹고 살았다.

이후 우리는 하나님께서 가르쳐 주신 원칙대로 사람을 쳐다보지 않고 오직 주님만 의지하여 기도하며 살았다. 하나님은 놀랍게 우리의 필요를 채워주셨다. 하나님의 보호 아래서 우리는 부족함 없이 살았다. 그분은 한 번도 쌀과 돈이 떨어지지 않도록 우리를 지켜주셨다. 3년간의 호된 훈련을 통해 우리는 하나님만 의지해도 충분히 살아갈 수 있다는 사실을 체험했다. 하나님이 우리 필요를 채워주시고, 우리 삶을 인도해주신다는 사실을 확신하게 되었다.

보이지 않는 하나님께 우리 삶을 맡기기란 결코 쉽지 않다. 나 역시 그것이 얼마나 힘들고 어려운지를 수없이 체험했다. 믿음은 바라는 것들의 실상이다. 보이지 않는 것을 좇는 것이다. 이것이 세상에서 어찌 쉬울 수 있겠는가. 그러나 믿음의 원리를 깨닫게 되면 주님께 맡기는 것보다 이 세상에서 편한 것은 없다. 인간은 연약하다. 나도 나를 믿을 수 없다. 그러나 우리 하나님은 천지를 지으신 만군의 구주시다. 그분은 능력자시다. 하늘의 창고는 늘 가득 차 있다. 또한 주님께 맡기고 의지하는 데 돈도, 수고도, 노력도 들지 않는다. 오직 믿음만 필요하다. 문제는 우리 믿음이 부족하다는데 있다. 믿음이 부족한 우리 인간에게 주님만 의지하는 것은 불안하고 힘든 일일 수 있다. 그분은 보이지 않기 때문이다. 그러나 확고한 믿음을 가지고 보이지 않는 주님을 마치 보는 것과 같이 따라갈 때에 조지 뮬러와 같은 기적의 삶은 가능하다. 많은 사람들이 나에게 이렇게 물었다.

"목사님은 어떻게 긴 세월동안 수많은 노숙자들에게 밥을 나누는 일을 지속할 수 있었습니까? 어디서 돈이 나와 무료급식을 하고 있습니까?"

이는 일본 관서학원대학 사회과학과 가마가사키 빈민연구팀이 우리 교회에 와서 물은 질문이기도 하다. 우리를 취재한 일본 아사히신문 기자도, 한국에서 온 목사님과 선교팀원들도 똑같은 질문을 했다. 이 같은 질문에 대한 나의 대답은 한결같았다.

"비결은 간단합니다. 하나님만 의지하는 것입니다. 우리는 하나님만 의지했습니다. 사람을 의지했다면 이렇게 변함없이 무료급식 사역을 할 수 없었을 것입니다."

나는 믿음의 삶을 살기로 작정한 이후 조지 뮬러와 같이 하나님으로부터 모든 것을 공급받는 경험을 했다. 그것은 아마도 진정으로 믿음의 삶을 사는 모든 사람들이 동일하게 체험하는 원리일 것이다. 내가 만일 사람을 의지하며 인간적인 수단과 방법으로 구제에 필요한 물질을 채우려 했다면 20년 동안 가난한 자들에게 무료 급식을 계속할 수 없었을 것이다.

하나님은 눈에 보이지 않는 분이시다. 그러기에 하나님을 전적으로 의지하기란 매우 불안하고 막연하다. 그럼에도 불구하고 하나님만을 붙잡고 나아갈 때, '여호와 이레'의 은혜를 경험할 수 있다. 지금 나니와교회는 일본 사회와 교계에서 진심으로 노숙자들을 섬기는 교회로 인정받고 있다. 사실 오사카에서 많은 한인 선교사들이 일본인 노숙자 사역을 시작했지만 끝까지 하는 경우는 드물었다. 일본인들은 무심한 것 같지만 우리가 진정성을 갖고 구제 사역을 하는지를 정확히 보고 있었다. 시간이 지나면서 주변의 일본인들이 우리의 진심을 알게 되었고, 우리를 그들의 선한 이웃으로 받아들였다. 나니와교회가 오사카에 있는 한인 교회 중에서는 그래도 가장 오랫동안 노숙자 사역을 이어오고, 일본인들의 인정을 받게 된 것은 사람이 아니라 하나님만을 의지했기에 가능한 일이었다.

8

육신의 떡과 생명의
떡을 주는 노숙자 전도

우리가 새벽마다 가마가사키의 노동자와 노숙자들에게 커피와 인삼차를 나눠주고 있을 때, 교회를 개척할 수 있도록 우리에게 건물을 빌려준 전도사님이 도쿄에서 찾아왔다. 전도사님은 과거 오사카에 있을 때 밤거리를 다니며 노숙자들에게 도시락(弁当)을 나누어 주는 일을 했다고 말했다. 그러면서 우리에게 밥을 제대로 먹지 못하는 노숙자들에게 커피보다는 조금이라도 영양이 되는 주먹밥을 나눠주라고 조언했다. 그 말에 따라 우리는 1997년 11월부터 일주일에 한 번씩 오사카 니혼바시 전자상가 거리에서 한국인 교인들과 함께 만든 주먹밥과 된장국을 노숙자들에게 나눠주기 시작했다.

우리는 밥을 나누는 사역을 시작하며 원칙을 정했다. 첫째, 주먹밥과 된장국은 먹고 마시는 사람들이 예수의 사랑을 느낄 수 있도록 정성을 다해 만든다. 둘째, 노숙자들에게 주먹밥과 함께 전도지를 전함으로써 복음, 즉 생명의 양식도 나눈다. 육신의 떡과 생명의 떡을 함께 주는 이 원칙은 지금까지도 지켜지고 있다.

김에다 밥을 꼭꼭 눌러 말은 주먹밥은 크고 영양가 있게 만들었다. 된장국도 두부와 미역을 듬뿍 넣어 맛있고 구수하게 만들었다. 맨 처음에 우리는 50명분의 주먹밥과 된장국을 니혼바시에 가지고 가서 가장 배가 고픈 사람들에게 나눠주었다. 그 다음 주에도 역시 50명분을 준비해서 갔다. 그런데 그 일대에 소문이 났는지 100여 명의 사람들이 모였다. 주먹밥을 먹기 위해 찾아온 형제들의 절반이 밥을 먹지 못하고 그냥 돌아가는 모습을 보니 너무나 마음 아팠다. 그래서 다음 주에는 100명분을 준비해 갔다. 그런데 이번에는 150여 명이 줄을 서는 것이 아닌가. 이렇듯 매주 니혼바시의 밤거리 무료급식을 찾는 자들이 계속 늘어 갔다. 이후 우리는 처음 계획한 것 보다 5배 많은 250명분을 준비해 나눠주게 되었다. 지금 생각해보니 '오병이어의 기적'이 일본 땅 니혼바시에서 일어난 것이다. 맨주먹으로 시작한 우리 교회가 어떻게 매주 250명을 먹일 수 있었을까? 참으로 하나님의 놀라운 은혜라고밖에 말하지 않을 수 없다.

어느 날, 니혼바시에서 무료급식을 하려 차를 세우고 준비하는데 경찰들이 다가왔다.

"목사님 지역 주민들로부터 민원이 제기됐습니다. 신고 없이 거리에서 무료급식을 하는 것은 도로교통법 위반입니다."

경찰들은 당장 무료급식을 중단하라고 말했다. 밤거리 무료급식에 제동이 걸린 것이다. 나는 당황하기도 했지만 내심 기뻤다. 있는 돈, 없는 돈 다 털어 겨우겨우 무료급식을 해왔는데 이제 무료급식을 하지 않아도 되는 적절한 명분이 생겼다. 경제적으로 한숨 돌릴 수 있게 되었다고 생각하니 안도감마저 들었다.

그러나 그런 생각은 잠깐, 주먹밥과 된장국을 먹기 위해 길게 줄을 선 일본의 배고픈 형제들이 눈에 들어왔다. 그리고 하나님이 우리를 지켜보고 계시는 것 같았다. 깊이 생각해보니 지금까지 매주 250명을 먹여주신 분은 우리가 아니라 하나님이시다. 우리는 그저 통로의 역할을 했을 뿐이다. 하나님의 도우심으로 지금까지 온 것이다. 그런데 만일 우리가 경찰 단속을 핑계 삼아 우리 생각으로 무료급식을 중단한다면 하나님의 도우심이 사라질 것 같았다. 그동안 많은 사람들을 먹일 수 있도록 물질과 봉사자 등 돕는 손길을 보내주신 하나님이 모든 것을 거두어 가실 것 같았다. 그런 생각을 하다 보니 무료급식을 멈출 수 없었다. 경찰이 아니라 하나님이 그만 두라고 할 때까지는 무료급식을 해야 할 것 같다.

나는 무료급식을 계속할 수 있는 방법을 알아보았다. 우리 교회에서 공동 생활하는 한국인 노동자 형제들에게 '어떻게 하면 합법적으로 노숙자들에게 무료급식을 계속할 수 있을까'에 대해 물었다. 그러자 노숙생활을 한 적이 있는 한 형제가 그때에 경험을 살려 "공원에 가서 주먹밥과 된장국을 나눠주면 됩니다"라고 말했다. 그 형제는 데시로(出城) 공원과 니시나리(西成) 공원에서 노숙자들이 텐트를 치고 집단 거주하고 있다고 정보를 알려줬다.

우리는 그 다음 주부터는 무료급식의 장소와 방법을 바꿔 두 공원의 텐트에 거주하는 노숙자들을 일일이 찾아다니며 주먹밥과 된장국을 나누어 주고 전도했다.

 하나님의 은혜로 우리 교회는 주먹밥과 된장국을 나눠주는 공원무료급식을 1997년 12월부터 1999년 12월까지 2년 동안 지속할 수 있었다. 공원무료급식을 통해 배고픈 노숙 형제들에게 육신의 떡과 함께 하나님의 사랑을 전하는 것은 정말로 주님이 기뻐하시는 사역이었다. 그분은 고아와 과부, 나그네들을 외면하지 말고 그들을 선대하라고 하신 분이시다. 노숙 형제들이 주먹밥과 된장국을 맛있게 먹는 모습을 보며 가슴 뿌듯했지만 시간이 지나면서 우리는 지쳐갔고, 허무한 마음까지 들었다. 우리는 그동안 사역을 점검해보았다. 육신의 떡은 나눠줬지만 생명의 떡은 제대로 나눠주지 못했다는 안타까운 마음이 우리의 마음을 무겁게 했다. 우리는 2년 동안 데시로 공원과 니시나리 공원에서 기타를 치고 찬양과 기도를 하며 "예수 믿으세요!"라고 외치면서 노숙 형제들에게 주먹밥과 된장국을 나누어주었다. 우리가 복음을 전하기는 했지만 뭔가 더 강력하게 전해야

한다는 생각이 가시지 않았다. 더욱 더 열정적으로 복음을 전하고 싶은 마음의 갈증이 있었던 것이다. 그때, 아내가 나에게 제안을 했다.

"공원에 앰프를 설치해 제대로 야외 전도 집회를 하면서 주먹밥과 된장국을 나눠줍시다."

나는 내성적이며 조용한 성격이라 시끄러운 야외 집회는 체질에 맞지 않았다. 그래서 못하겠다고 거절했다. 대신 아내에게 "호랑이를 잡으려면 호랑이 굴로 가야한다는 말이 있듯이 우리 교회를 니시나리 공원 가까운 곳으로 옮겨 매주 전도 집회를 합시다. 먼저 생명의 떡을 주고 그 다음에 육신의 떡도 제공합시다"라고 제안했다. 아내는 내 의견에 찬성했다.

1999년 10월부터 나와 아내는 교회당 이전을 위해 아침을 금식하며 다니엘 기도를 시작했다. 우리가 니시나리 지역으로 교회를 이전하기 위해서는 몇 가지 조건이 맞춰져야 했다. 먼저 120명 이상이 모일 수 있는 장소가 있어야 한다. 그리고 수백 명을 먹일 수 있는 큰 주방 시설을 갖추어야 하고, 사택도 별도로 임대해야 한다. 그러려면 집세를 지금보다 두 배 이상 지불해야 한다. 또한 니시나리 지역에 먼저 세워진 같은 교단 소속의 니시나리교회로부터 이전 허락을 받아야 한다. 모두 쉽게 해결되기 어려운 조건들이었다. 재정적으로도 교회당 집세 15만 엔, 사택 집세 7만 엔, 보증금 150만 엔 등 최소 200만 엔이 필요했다.

우리는 교회와 사택 이전에 필요한 200만 엔의 공급과 니시나리교회로부터 이전 허락을 받기 위해 간절히 기도했다. 그러면서 나는 기도 가운데 하나님께 말씀을 드렸다.

"이번에 니시나리 지역으로 이전이 되지 않는다면 그것을 홈리스 선교를 그만두고 일반 교회 사역을 해도 좋다는 하나님의 사인으로 알겠습니다."

우리는 먼저 생명의 떡과 육신의 떡을 나누는 노숙자 선교의 꿈을 이루기 위해 간절히 기도했다. 그러나 나는 한편으로는 은근히 기도가 응답되지 않아도 홈리스 선교로부터 도망갈 수 있으니 좋다고 생각했다. 사실 나는 늘 가난하게 사는 것, 거칠고 무례한 노동자들과 냄새 나는 홈리스들을 돌보는 일에 지쳐있었다. 그러나 하나님은 언제나 우리의 기도에 정확하고 신속히 응답해 주신다. 기도한지 얼마 되지 않아 니시나리 공원 옆에서 개척 사역을 하시는 한국인 선교사 부부가 찾아왔다.

"우리 교회가 이번에 아비코 쪽으로 이전하게 되었습니다. 그래서 우리 교회와 사택을 나니와교회에 넘기고 싶습니다. 지난 2년 동안 니시나리 공원에서 주먹밥을 나눠주는 모습을 지켜보았습니다. 나니와교회가 우리 예배당으로 이전하면 좋을 것 같습니다.

지금 우리 교회 건물로 이전을 바라는 다른 교회가 있긴 하지만 왠지 꼭 목사님이 오셔야 할 것 같다는 마음이 듭니다. 아마 주님이 주시는 마음이겠지요."

그 선교사님 부부는 우리 교회가 오면 교회 성구와 식당 도구 모두를 그대로 물려주겠다고 했다. 기도 응답이었다. 그 교회에 가보니 예배당도 좋았고 주방과 식당도 적절했다. 목사님 가정이 사용했던 교회 사택도 그대로 빌릴 수 있었다. 우리는 수락을 하고 부동산을 찾았다. 임차인이 바뀌기에 임대계약을 새로 해야 하며 보증금과 부동산 중개수수료를 지불하는 것이 상식이다. 그런데 크리스천인 부동산 회사의 사장 부인이 우리에게 친절을 베풀어 주었다. 그녀는 건물주에게 잘 이야기를 해서 보증금과 중개수수료 없이 명의만 바꾸는 임대계약을 하도록 해주겠다고 했다. 그래서 교회 이전을 위한 200만 엔이 필요 없게 되었다. 그러나 아직 문제는 남아 있었다. 이웃 니시나리교회의 이전 허락이 여전히 필요했다. 그래서 니시나리교회 목사님을 만났더니 당회에서 우리 교회의 니시나리로의 이전을 허락했다고 말했다. 모든 것이 일사천리로 진행되었다. 참으로 우리 기도와 간절한 소망을 들으시는 하나님의 손길을 느끼지 않을 수 없었다.

나니와교회는 1999년 12월에 니시나리공원 바로 옆 기타츠모리 욘초메(北津守4丁目)로 이전하게 되었다. 우리 기도에 응답하시고 길을 열어주시는 하나님의 은혜에 감사해야 마땅했다. 그러나 기타츠모리로 교회를 이전한 후, 내 마음엔 화가 가득했고 불만이 넘쳤다. 그동안 마음속으로 이번에 차라리 하나님이 응답해주시지 않았으면 좋겠다는 마음이 있었기 때문이었다. 지긋지긋한 개척 사역을 그만두고 모든 것이 갖춰진 기성 교회에서 정해진 사례비를 받으며 목회하고 싶었다. 그런데 이번에 니시나리구로 교회를 옮기면 빼도 박도 못한 채 내 평생을 노숙자 선교를 위해 다 드려야 했다. 나는 니느웨를 피해 다시스로 갔던 요나처럼 도망가고 싶었다.

그러던 어느 날, 나는 차를 몰고 공원 근처 마을 길을 지나고 있었다. 그때 평소 잘 아는 홈리스 할아버지가 자전거에 신문을 실은 리어카를 매달고 반대편에서 오고 있었다. 할아버지는 나를 보자 환하게 웃으며 "오하이오 고자이마스(안녕하세요)"라고 인사를 하셨다. 나는 해맑은 미소로 밝게 인사하시는 할아버지의 모습을 보고 망치로 가슴을 얻어맞은 것 같은 충격을 받았다. 일견 평범한 그 모습에 삶의 전환을 가져올 정도의 충격을 받은 것은 홈리스 할아버지의 욕심 없는 가난한 마음 때문이었다. 그는 집도, 가족도, 돈도 없는 초라한 노인이었다. 아직 활동할 수 있는 건강이 주어져서 몸을 움직여 신문지를 줍고 팔아 하루하루 끼니를 해결하고 있을 뿐이다. 조금의 소망도 없어 보이는 삶이었다. 그러나 그 할아버지 얼굴에는 뭐라 형용할 수 없는 만족함이 엿보였다. 남들에게는 보잘 것 없어 보일지라도 지금 주어진 것에 감사하고 있었다. 비록 천막에서 살지만 아직 활동하며 매일 굶지 않을 수 있는 것만으로도 만족하고 있는 모습이 얼굴에 나타났다. 그 모습을 보고 생각하지 않을 수 없었다.

'어떻게 저런 상황에서 저렇게 만족할 수 있단 말인가? 그런데 나는? 도대체 나는 무엇 때문에 화가 나 있고, 불평이 가득하단 말인가? 내게는 그 할아버지보다 훨씬 많은 것이 있다. 가족과 집, 매일 배가 나올 정도로 충분한 음식을 먹을 수 있는 여건이 있다. 나의 비교 대상은 누구인가? 언제나 나보다 좋은 여건의 사람들과 비교하며 불만 가득하지 않았던가? 그러나 남들처럼 정해진 사례를 받지는 못하지만 지금 나는 지붕이 있는 집에서 편안히 생활하고 있지 않은가? 그런데 왜 불평하고 있는가? 돕고 있는 가난한 자들처럼 되는 것이 싫고, 좀 더 넉넉하고 물질적으로 안정된 삶을 살고 싶어서가 아닌가?'

그때 나는 홈리스 전도자로서의 자격이 전혀 없다는 생각이 들었다. 적어도 홈리스들을 섬기는 목사라면 모든 삶이 그들과 같이 되어야 했다. 무엇보다 먼저 긍휼을 지녀야 했다. 긍휼의 삶은 긍휼 대상자의 처지와 나를 동일시하는 데서부터 시작된다. 그들의 가난과 배고픔, 고통을 함께 나눌 수 있어야 했지만 나는 그들과 같이 되기를 싫어했다. 나는 겉으로는 긍휼이 있는 것처럼 보였지만 진정한 긍휼을 지니지는 못했다. 가난하고 힘든 세월을 살아오면서 몸과 마음이 지쳐있는 홈리스들과 같이 되고 그들의 아픔을 나누기 보다는 나만의 안일과 풍요를 꿈꾸는 욕심이 내 마음을 사로잡고 있었다. 언제나 퀴퀴한 냄새나는 저들을 싫어했다는 생각이 들면서 나의 연약함과 악함에 통회, 자복하는 마음이 생겼다.

지금 나에게 필요한 것은 회개였다. 다시 돌이켜야 했다. 믿음의 비 본질에서 본질로 돌아서야만 했다. 주님의 시선이 가난하고 약한 자들에게 가 있는 것이 분명한데 나는 그것을 외면했다. 애써 주님의 마음을 외면했던 것이다. 기필코 회개해야 했다. 나는 회개할 뿐 아니라 회개에 합당한 열매를 나타내기로 결심했다. 더 많이 먹고, 더 많이 소유하고자 하는 물질의 욕심을 버리기로 했다. 홈리스들과 같이 되겠다고 다짐했다. 그들과 함께 평생 살기로 했다. 그들이 되기로 했다. 집세 낼 돈이 없으면 나 역시 공원에 천막을 치고 홈리스가 되어 전도하며 살기로 했다. 지위도, 명예도 버리고 저들의 가난과 비천함, 고독과 아픔을 함께 나누기로 했다.

마음을 비웠다. 그러자 지금까지 느껴보지 못한 자유와 평안이 찾아왔다. 시원했다. 뭔가 묶여 있던 것이 풀어진 느낌이었다. 불평과 원망이 사라졌다. 대신 감사함으로 홈리스 형제들을 섬길 수 있었다. 그것은 기적이었다. 마음을 새롭게 하자 모든 것이 새롭게 보였다. 하나님의 온전하신 뜻, 그분의 선하신 마음이 보였다.

"너희는 이 세대를 본받지 말고 오직 마음을 새롭게 함으로 변화를 받아 하나님의 선하시고 기뻐하시고 온전하신 뜻이 무엇인지 분별하도록 하라."(롬 12:2)

마음을 새롭게 한 후에 나는 새로 주신 교회에서 생명의 떡과 육신의 떡을 나누는 전도 집회를 개최하기 위한 준비에 들어갔다. 앞으로 험난한 길이 예상되었다. 우리가 홈리스 초청 전도 집회를 매주 열면 최소 100명 이상의 홈리스 형제들이 교회에 몰려 올 것이다. 그러면 마을 주민들이 격렬하게 반대할 것이 분명했다. 홈리스들에 대한 혐오감은 지금이나 그때나 매한가지였다. 그것이 마음에 걸렸다. 1999년 12월 1일 키타츠모리로 교회를 이전하고도 전도 집회를 개최할 용기를 내지 못했다. 대신 3개월간 기도로 준비하기로 했다. 나는 하나님 앞에서 이렇게 기도했다.

"여리고 성의 백성들이 이스라엘 사람들이 성에 들어온다는 소문을 듣고 심히 두려워하여 떨었던 것처럼 키타츠모리 주민들이 우리를 두려워하게 하소서. 우리가 비록 힘도 없고 차별 받는 외국인이지만 주민들이 우리야말로 참으로 하나님의 사람임을 알아봐 우리를 대적하거나 쫓아내지 못하게 하소서. 저들에게 하나님 두려하는 마음을 주소서. 그래서 교회를 대적하는 일을 그치고 아름답게 협력할 수 있도록 저들의 마음을 주장하여 주시옵소서."

3개월을 기도로 준비한 뒤인 2000년 3월 15일 오전 11시 30분에 니시나리에서 최초의 전도 집회를 개최했다. 그날 우리의 초청을 받고 찾아온 홈리스 형제들은 30명 정도였다. 그러나 이후 매주 찾아오는 홈리스 형제들이 점점 늘어났다. 그들은 늦으면 교회에 들어가지 못할까봐 미리 와서 줄을 서기 시작했다. 그러던 어느 날, 예상했던 대로 마을의 대표자들이 찾아왔다. 마을 대표들의 요구는 분명했다.

"전도 집회를 중지하라. 그만두지 않으면 피켓을 들고 데모하겠다. 홈리스들이 모여들면 마을이 더러워지고 도둑이 늘어난다. 공원에 모여 있는 그들을 보고 주민들이 불안해한다."

나는 마을 대표들에게 말했다.

"여러분들이 중지하라고 해도 우리는 그만둘 수 없습니다. 나가라고 해도 나갈 수 없습니다. 누군가는 소외된 저들을 도와야 하기 때문입니다. 대신 우리는 마을에 피해를 끼치지 않도록 최대한 협조하겠습니다. 쓰레기를 함부로 버리지 않도록 광고하겠습니다. 집회 전후에 깨끗하게 청소하겠습니다. 마을 안쪽으로는 절대 들어가지 않게 하겠습니다. 길을 따라 줄을 서지 않겠습니다. 자전거도 멀리 떨어진 곳에 세우겠습니다."

이렇게 구체적으로 약속했지만 집회에 참가한 홈리스 형제들 중에는 우리의 지도를 따르지 않고 주민들이 싫어하는 행동을 하는 자들이 있었다. 이후 마을 대표자들은 5번을 더 찾아와 항의했다. 우리는 항의 내용을 잘 듣고 고치도록 노력했다. 이렇게 수차례 조정을 거치자 마을 사람들은 더 이상 반대하지 않았다. 우리는 하나님의 은혜로 매주 전도 집회를 개최했다. 몇 주 후에는 주일 오후에도 홈리스 형제들을 초청하여 예배를 드리고 식사를 제공했다. 처음에는 주일 오후 예배 후 식사에는 라면과 반찬을 제공했으나 몇 주 안 되어 맛있는 반찬과 국을 갖춘 따뜻한 식사를 제공하게 되었다. 그때까지 주일 오전 예배를 우리 교회 성도들과 함께 드린 뒤에 맛있는 식사를 하면서도 주일 오후 노숙자 예배 참가자들에게는 대충 식사를 제공하는 것이 마음에 걸렸기 때문이다. 오전 예배 후 신도들과 함께 하는 식사와 오후 예배 후의 식사를 똑같이 나누기로 했다.

무료급식을 일주일에 한 번에서 두 번으로 늘리고 나니 비용도 두 배로 늘었다. 이제 우리만의 힘으로는 지속하기 힘들었다. 하는 수 없이 무료급식을 위한 후원자들을 모집하기로 했다. 쌀 한 포(10kg) 가격인 3000엔 후원 회원 30명을 모집하기로 했다. 나와 아내가 모든 것을 내려놓고 노숙자 선교를 위해 일생을 드리기로 결단한 후에 하나님께서는 놀라운 기적으로 우리를 도우시고 나를 높이시기 시작했다. 어느 날, 전도 집회에 노숙자가 아닌 정장을 한 신사 한 분이 참석했다. 예배 후 무료급식을 다 마치고 그 신사분과 식사를 하며 이야기를 나누게 되었다. 그분은 일본그리스도교회 오사카 기타(北)교회 모리타 유키오(森田幸男) 목사님이셨다. 모리타 목사님은 우리 교회의 전도 집회에 참석하셨다가 큰 충격과 은혜를 받으셨다고 하셨다. 그러면서 자신도 늘 우리 교회처럼 가난한 자를 위한 사역을 하고 싶었다면서 뭔가 도울 일이 없냐고 물으셨다. 목사님께 우리 사정을 다 이야기 했다. 그리고 쌀한 포 돕기 30명 후원 회원 모집에 대해서도 설명했다. 모리타 목사님이 속한 일본그리스도교회는 내가 속한 재일대한기독교회와 선교협약을 맺고 있는 교단이다. 그래서인지 모리타 목사님은 적극적으로 우리 교회를 돕겠다고 말씀하셨다. 나중에 알고 보니 그는 교단 인권위원장을 맡고 계셨다. 어느 날 모리타 목사님이 아무런 연락도 없이 우리 집을 찾아오셨다. 목사님은 우리에게 교단 총회 산하 각 교회의 주소가 적힌 서류를 주시면서 일본그리스도교회 소속 모든 교회에 공문을 보내 노숙자들을 위한 성탄절 헌금을 모금하라고 하셨다. 이미 교단 인권위원회에서 나니와교회 '사랑의 집'을 돕도록 전국 교회에 공문을 보냈다는 것이었다. 우리는 각 교회에 성탄절 모금 공문을 보냈다. 그 결과 2000년 성탄절에 일본그리스도교회 소속 교회들은 정성껏 헌금을 보내주었다. 이후 일본그리스도교회 소속 교회들은 지금까지 '사랑의 집'을 돕는 든든한 후원자가 되고 있다. 참으로 하나님은 자신을 내려놓고 먼저 그의 나라를 구하는 모든 사람들에게 시시때때로 필요한 모든 것을 제공해 주시는 분이라는 것을 깨달았다.

"그런즉 너희는 먼저 그의 나라와 그의 의를 구하라 그리하면 이 모든 것을 너희에게 더하시리라."(마 6:33)

우리 교회가 니시나리 공원 옆 기타츠모리로 옮기고 난 후에 재일대한기독교회 총무인 강영일 목사님으로부터 전화가 왔다.

"올해 총회 교역자 장로 연수회가 열리는 데 김 목사님께서 노숙자 선교에 대해서 발제를 해주세요."

나는 두렵고 떨렸다. 일본에 온지 얼마 안 되어 아직 일본어가 서투른 나에게 일본어로 발제를 하라는 것이다. 그러나 나는 이 또한 하나님이 주신 귀한 기회라고 생각했다. 나를 위해서가 아니라 노숙자 선교 활성화를 위해 발제하기로 했다. 열심히 준비했다. 내가 한글로 만든 발제문을 아들이 일본어로 번역 해주었다. 연수회에는 재일대한기독교회 총회 산하 교역자와 장로님들이 많이 모였다. 그곳에서 나는 '재일대한기독교회와 노숙자 선교'라는 주제로 평소 소신을 역설했다.

"하나님의 인도하심 속에서 우리 재일 한국교회가 이 땅에 세워진 것은 일본인들에게 화해와 평화, 생명의 복음을 전하기 위함입니다. 우리는 지금까지 사회정의 차원에서 일본의 재일동포에 대한 차별과 억압을 철폐하기 위해 싸워왔습니다. 우리가 일본사회에 정의를 외치는 것은 반드시 재일동포와 외국인의 인권만을 위해서가 아닙니다. 압박받는 자가 자유케 되는 것은 압박하는 자를 자유하게 만드는 것이라고 할 수 있습니다. 그러기에 재일대한기독교회의 사회선교는 근본적으로 일본과 일본민족에 대한 사랑을 바탕으로 전개되어야 합니다. 우리 재일 한국교회는 일본인에 대해 하나님의 사랑을 실천해야 합니다. 일본인을 사랑한다는 증거로 일본 사회의 가장 낮은 자인 노숙자를 돕는 일을 해야 합니다. 일본의 모든 기독 교회의 교단과 교파가 노숙자 선교를 위한 기구나 전문 교회를 세워 활동하고 있습니다. 늦었지만 재일대한기독교회도 노숙자 선교에 힘을 합해야 합니다. 나니와교회는 하나님의 뜻에 따라 노숙자 형제자매님들을 돕는데 발 벗고 나서고 있습니다. 이제 여러분들과 이 일을 함께 하기 원합니다. 나니와교회가 재일대한기독교회의 노숙자 선교의 창구로 일하도록 해주십시오.”

발제가 끝난 후 많은 선배 교역자들과 장로님들이 나의 소신에 공감하고 격려해주셨다. 그 자리에서 니하마교회 안진남 목사님은 매주 200명분의 김치를 보내주시겠다고 약속했다. 타카라쥬카 전도소 김영숙 전도사님은 매주 한 번씩 주일 노숙자 예배에서 설교하시겠다고 하셨다. 재일대한기독교회 총회는 이후 ‘사랑의 집’에 성탄절 헌금으로 50만 엔을 보내주었다. 내가 연수회에서 발제한 ‘재일대한기독교회와 노숙자 선교’는 5번에 걸쳐 총회 기관지인 ‘복음신문’에 연재되었다.

하나님은 계속해서 나니와교회 사역을 일본교회에 알릴 수 있는 기회를 주셨다. 나는 재일대한기독교회와 일본기독교단 선교 협력위원회 주최로 양 교단 총회장과 임원, 선교 담당자들이 모인 데서 또 발제를 했다. 그 후에 한국 CBS(기독교방송국) TV의 간판 프로그램인 '새롭게 하소서'에 출연, 일본 내 노숙자 선교를 한국 기독교인들에게 알렸다. 한국의 기독교신문에 글을 쓰기도 했다.

내가 '노숙자들과 같이 낮아져 평생 그들과 함께 살겠다'고 결심 하며 그 길을 걸었을 때, 하나님은 오히려 나를 높이시고 많은 돕 는 손길들을 허락해주셨다. 새삼 비울 때 채워지고, 낮아질 때 높 아진다는 진리를 체험했다.

아브라함은 100살에 아들 이삭을 얻었다. 오랫동안 기다리고 기다리다가 무려 100세가 되어 아들을 얻은 아브라함의 마음이 어 떠했을까? 그 아들이 얼마나 사랑스러웠을까? 아들 이삭이 자라는 모습을 보며 아브라함은 마치 천하를 얻은 듯이 기뻤을 것이다. 그는 모든 정성을 쏟아 아들 이삭이 소년으로 잘 자라도록 양육했 다. 그런데 어느 날 하나님께서 아브라함에게 청천벽력과도 같은 말씀을 하셨다.

"아브라함아 아브라함아 네 사랑하는 아들 이삭을 데리고 모리아 땅으로 가서 내가 네게 지시하는 산에서 번제로 드려라"(창 22:1~2)

아브라함은 하나님의 음성을 듣고 아마 기절초풍했을 것이다.

그는 도저히 하나님의 명령을 이해할 수 없었다. 아브라함뿐 아니라 누구도 이해 못할 명령이었다. 하나님은 왜 아브라함에게 100세에 얻은 아들 이삭을 드리라고 말씀 하셨을까? 그것은 하나님이 아브라함을 온전히 쓰시기 위함이었다. 하나님은 우리를 쓰실 때, 반드시 시험을 통과하게 하신다. 하나님은 아브라함을 축복하고 믿음의 조상으로 삼기 위해 먼저 그가 전적으로 하나님만 의지하고 따르는지를 보기 원하셨다. 하나님은 축복 받을 자를 축복하시고 자신의 일꾼으로 잘 준비된 자를 들어 쓰신다. 그러면 하나님의 일꾼에게는 어떤 준비가 필요할까?

첫째, 어떤 경우에도 하나님을 찬양하고 하나님을 위해 살 수 있어야 한다.
둘째, 이 세상의 어떤 것보다도 주님을 제일 사랑해야 한다.
셋째, 주님의 어떤 명령에도 순종할 수 있어야 한다.

하나님은 자신을 내려놓고 오직 하나님의 인도만을 따라 사는 자를 찾으신다. 하나님은 오늘 우리들에게도 사명과 말씀, 시험을 주시며 불꽃같은 눈으로 우리가 어떻게 행동하는가를 지켜보신다. 하나님은 시험을 통해 우리가 어떤 경우에도 모든 것을 버리고 당신을 따르는가를 지켜보신다.

아브라함은 하나님의 음성을 듣고 그 즉시 순종했다. 아브라함은 아들 이삭은 물론 심지어 아내 사라와도 의논하지 않았다. 명령을 받은 다음 날, 아브라함은 아침에 나귀에 안장을 채우고 번제에 쓸 나무와 불을 준비했다. 그리고 사환 둘과 아들 이삭을 데리고 하나님이 지시하신 모리아 땅을 향해 떠났다. 그 길을 가면서 아마 아브라함은 아무 말도 하지 않았을 것이다. 그저 하나님의 뜻을 생각하며 묵묵히 걸었을 것이다. 사흘 째 되는 날, 모리아 땅에 도착하자 두 사환을 산 밑에 둔 채 아들 이삭에게 나무를 짐지우고 하나님의 산을 향해 올라가기 시작했다. 그때 아들 이삭이 아브라함에게 묻는다.

"아버지, 나무와 불은 여기 있는데 번제에 쓸 어린 양은 어디 있습니까?"

아브라함은 가슴이 찢어질 듯 아프면서도 그의 결심을 지키며 대답했다.

"하나님께서 하나님의 산 위에 예비해 놓으셨단다."

산 위에 오르자 아브라함은 단을 쌓고 나무를 벌여놓았다. 그리곤 이삭을 결박해 나무 위에 올려놓았다. 그리고 굳은 마음으로 칼을 들어 아들을 향해 내려치려고 했다. 그때 갑자기 하나님의 음성이 들려왔다.

"아브라함아 아브라함아 그 아이에게 손을 대지 말라 그에게 아무 일도 하지 말라 네가 네 하나밖에 없는 아들을 아끼지 아니하였으니 이제야 네가 하나님을 경외하는 줄을 알았다."(창 22:12)

아브라함은 100% 하나님의 명령에 순종했다. 모리아 땅의 한 산에 올라갔을 때, 그는 이미 인생에서 가장 소중한 아들을 하나님께 제물로 드린 것이다. 무조건 순종을 한 것이다. 아브라함의 순종을 보시고 하나님은 예비해두신 동산 수풀의 한 어린 양을 이삭 대신 제물로 삼아 제사를 드리게 하셨다.

나는 창세기의 이 이야기를 읽을 때마다 '아브라함은 어떻게 하나님께 순종할 수 있었을까?'에 대해서 생각했다. 그는 하나님의 명령에 무조건 순종했다. 도저히 이해되지 않는, 말도 되지 않는 명령이었다. 그럼에도 그는 두 말하지 않고 그 명령에 순종했다. 누구와도 의논하지 않았다. 그저 하나님의 말씀을 들은 그대로 따랐다. 그는 절대 순종의 표상이다. 그리고 그는 '끝까지' 순종했다. 나는 이 '끝까지'란 말이 참 좋다. 누구나 결심하면 한 번 순종할 수는 있다. 그러나 두 번, 세 번, 그리고 끝까지 순종하기란 결코 쉽지 않다. 생각해보니 믿음의 사람들은 '끝까지' 순종한 사람들이다. 조지 뮬러도 젊은 날의 허랑방탕한 생활을 끝내고 한 번 하나님께 헌신한 이후 92세로 이 땅을 떠나기까지 '끝까지' 주님의 명령에 순종했다. 그들은 어떻게 끝까지 순종할 수 있었을까?

아브라함이 너무나 사랑한 외아들을 하나님께 드리기까지 순종할 수 있었던 것은 그가 하나님의 선하심과 인자하심을 끝까지 믿었기 때문이다. 하나님은 말씀대로 사는 자들을 반드시 선한 길로 인도하시는 분이시라는 것을 믿었다. 히브리서에는 외아들 이삭을 드릴 때 아브라함이 어떤 믿음을 지니고 있었는지에 대해 나온다.

> "저가 하나님이 능히 죽은 자 가운데서 다시 살리실 줄로 생각한지라 비유컨데 죽은 자 가운데서 도로 받은 것이니라"(히브리서 11:19)

아브라함은 아들을 죽여서 제물로 드릴지라도 전능하신 하나님이 그 아들을 다시 살려주실 것을 믿었다. 그래서 주저하지 않고 자신에게 가장 소중한 것, 바로 외아들 이삭을 바칠 수 있었던 것이다. 우리가 본받아야 할 점이 바로 이것이다. 죽기까지 하나님의 선하심을 신뢰하고 따르는 신앙, 바로 아브라함의 믿음을 우리가 배워야 한다. 주님을 무조건 따르는 아브라함의 신앙을 우리도 본받아야 한다. 믿음이 없는 자들에게 그것은 무모하게도, 과격하게도 보인다. 그러나 우리를 살리는 것이 바로 이 과격한 믿음이다. 이 믿음만이 죄에 빠진, 세상에서 늘 패배하는 우리를 살릴 수 있는 유일한 수단이다.

우리 하나님은 '여호와 이레'의 하나님이시다. '여호와 이레'란 말은 '여호와의 산에서 준비되리라'는 뜻이다. 주님만 믿고 순종하며 나아가면 주님께서 가장 선하고 아름다운 길로 우리를 인도해 주시고 뜻밖의 좋은 선물을 예비해 놓으신다. 하나님은 하나님을 신뢰하며 말씀에 순종하는 자를 위해 놀라운 은혜와 축복을 준비하셨다. 아브라함이 아들 이삭을 드리라는 말씀에 순종했을 때 하나님께서는 마음껏 아브라함을 축복해 주셨다.

"내가 네게 큰 복을 주고 네 씨로 크게 성하게 하여 하늘의 별과 같고 바닷가의 모래와 같게 하리라"(창 22:17)

하나님은 자신을 믿고 따르는 자를 결코 망하게 하지 않으신다. 오히려 그 믿음을 보시고 '여호와 이레'의 은혜를 더해주시는 좋으신 분이시다. 어떤 경우에도 이것을 기억해야 한다. 여기에 우리의 살 길이 있다.

나는 본래 욕심도 많고 낮아지기도 싫어하는 성향을 지닌 사람이다. 내 고집, 내 생각대로 살기를 좋아한다. 그러나 하나님은 그런 나를 버리지 않으시고 자신의 구원 역사의 도구로 쓰시기 원하셨다. 그분은 자전거에 리어커를 달고 신문을 모으는 노숙자 할아버지의 웃음과 건강한 인사 한마디, 감사와 기쁨에 넘쳐 살아가는 모습을 통해 나의 탐욕과 완악함을 깨우치셨다. 그리고 나로 하여금 회개하게 하셨다. 그뿐만이 아니다. 내가 모든 것을 내려놓고 노숙자들을 섬기는 일에 내 삶을 드리기로 작정하고 실행했을 때,

하나님은 거꾸로 나를 높이셨고 놀랍게 축복해 주시며 여호와 이레의 은혜를 베풀어 주셨다. 그러므로 내가 자랑할 것은 아무것도 없다. 나의 나 된 것은 오직 하나님의 은혜이기 때문이다.

"그러나 내가 나 된 것은 하나님의 은혜로 된 것이니 내게 주신 그의 은혜가 헛되지 아니하여 내가 모든 사도보다 더 많이 수고하였으나 내가 한 것이 아니요 오직 나와 함께 하신 하나님의 은혜로라."(고전 15:10)

초창기 금요 공원 노숙자 집회 모습

9

든든히 서가는
나니와교회 사랑의 집

나니와교회는 두 가지 확고한 선교 목표를 지향하고 있다.

첫째, 하나님의 위대한 명령인 전도에 힘쓴다.
둘째, 하나님의 위대한 계명인 이웃 사랑을 실천한다.

첫 번째 목표대로 하나님의 위대한 명령에 따라 복음을 전해 세상 모든 사람들을 주님의 제자로 삼는 것이 우리 교회의 중요한 선교 정신이다. 물론 이것은 하나님을 사랑하는 것이 전제되어야 가능하다. 그래서 우리는 무엇보다도 먼저 하나님을 알고, 그분을 사랑하는데 온 힘을 다하고 있다.

"그러므로 너희는 가서 모든 족속으로 제자를 삼아 아버지와 아들과 성령의 이름으로 세례를 주고 내가 너희에게 분부한 모든 것을 가르쳐 지키게 하라 볼찌어다 내가 세상 끝날 까지 너희와 항상 함께 있으리라 하시니라."(마 28:19~20)

두 번째 목표인 위대한 계명에 순종하여 이웃 사랑을 실천하는 교회가 되기 위해 나니와교회는 최선을 다하고 있다. '하나님을 사랑하고 이웃을 내 몸 같이 사랑하라'는 주님의 위대한 계명은 크리스천이라면 누구나 실천해야 할 지상명제이다. 사회의 저변에서 가난, 육체적·정신적 질병, 실직, 장애, 고령, 고독 등으로 고통을 당하고 있는 자들을 조건 없이 돕는 것이 창립 초기부터 추구해온 우리 교회의 선교 정신이다. 우리 교회는 종교와 민족, 출신과 상관없이 정신적·육체적으로 어려움에 처한 자들을 외면하지 않고 그들의 이웃으로 함께 살아가려고 노력한다.

"예수께서 가라사대 네 마음을 다하고 목숨을 다하고 뜻을 다하여 주 너의 하나님을 사랑하라 하셨으니 이것이 크고 첫째 되는 계명이요 둘째는 그와 같으니 네 이웃을 네 몸과 같이 사랑하라 하셨으니…."(마 22:37~39)

우리가 교회를 이전하고 전도 집회를 개최하는 가장 중요한 목표는 전도에 있다. 우리는 노숙자들 가운데 한 사람이라도 더 많이 말씀을 듣고 예수를 영접해 세례를 받기를 바라는 마음에 간절히 기도하며 전도 집회를 개최하고 노숙자들을 섬겼다. 전도 집회를 마친 후에는 어려운 재정 형편 가운데서도 주의 사랑을 전하려고 맛있는 식사를 준비해 나눠줬다. 우리 교회 식탁공동체에서는 누구나 정성껏 지은 밥과 맛있는 국, 반찬을 배불리 먹을 수 있다. 한끼라도 식사를 해 본 사람들은 우리의 진정성을 금방 느끼게 된다.

우리가 간절히 기도한대로 매년 전도 집회를 통해 예수를 믿기로 결심하고 세례를 받은 자들이 매년 나타났다. 자연 나니와교회의 성도 수도 증가하게 되었다. 단순히 밥을 먹으러 왔다가 예수 믿고 난 후에 교인이 되는 사람들이 계속 생겼다. 또한 요리와 설거지, 청소와 관리 등으로 봉사하는 자들도 늘어갔다. 우리 교회는 현재 일주일에 세 번씩 수백 명을 먹이는 무료급식을 자체적으로 감당하고 있다. 처음에는 교인 수가 적어 외부에서 봉사자들이 와서 무료급식을 도와주었다. 그러다 무료급식을 시작한지 몇 달도 안 되어 노숙자들 가운데서 예수를 믿고 교인이 된 사람들이 힘든 집회 준비와 봉사를 맡아서 하게 되었다. 우리 교회는 노숙자들 중 믿고 세례를 받은 자들이 성도가 되어 또 다른 노숙자들을 돕는 '노숙자 중심의 교회'가 되었다.

2006년 10월 22일, 나니와교회는 재일대한기독교회 관서지방회 주최로 세례 교인이 20명 이상이 되어 전도소에서 교회로 올라가는 승격식을 실시했다. 지금 나니와교회 교인 대부분은 우리 교회에서 처음 예수를 믿고 세례를 받은 사람들이다. 교인 대부분이 노숙자 생활을 하다 배가 고파 밥을 먹으려 우리 교회 주최의 노숙자 전도 집회에 참석했다가 구원받아 한 가족이 된 사람들이다.

우리 교회는 아무것 없이 시작했지만 니시나리 지역으로 교회를 이전한 후에 노숙자 섬김이라는 특수 선교를 하는 교회로 점점 사역 범위를 넓혀가게 되었다. 우리가 오사카의 여러 교회 가운데 '노숙자들을 섬기는 교회'로 자리 잡을 수 있었던 것은 수많은 후원자들이 있었기 때문이다. 지난 날을 되돌아 생각해보니 정말 많은 사람들이 우리를 도왔다. 일본 사회와 문화에 대해 무지했고, 일본어도 못하던 우리 부부를 돕고, 가르쳐주신 많은 분들이 계셨기에 우리는 교회와 '사랑의 집'을 세워나갈 수 있었다. 이 책에 고마운 그들을 이름이나마 기록함으로써 '하나님의 사람들의 아름다운 손길'을 후세에 알리고 싶다.

먼저 '사랑의 집 운영위원회'(이하 운영위원회) 발족부터 협력하고 도와주신 분들을 소개하고자 한다. 우리 교회 '사랑의 집'은 본격적으로 노숙자 선교를 하면서 후원자들을 모집해야 했다. 각종 매체들을 통해 '사랑의 집'의 활동을 접한 일본과 한국의 후원자들이 후원금을 보내오기 시작했다. 운영위원회는 각 교회와 후원자들이 보내온 후원금을 투명하게 관리하고 보고하기 위해 세워졌다.

운영위원회는 2002년 3월 18일에 창립 대회를 열고 발족되었다. 운영위원회는 사랑의 집의 후원자들이 단지 후원금만을 보내는 데 그치지 않고 사랑의 집의 운영에도 함께 참여할 수 있도록 설립됐다. 운영위원회가 설립된 후 여러 위원들이 노숙자 선교 지원 사업을 계획하고 관리, 운영, 홍보하는 일에 참여해주셨다. 창립 당시 운영위원은 아래와 같다.

> · **공동위원장**: 모리타 유키오(森田幸男) 목사(일본 측), 김안홍(金安弘) 목사(한국 측)
> · **위원**: 후루가와 도미야(古川 富也) 목사, 쿠보 겐타로(久保賢太郎) 목사, 박창환(朴昌煥) 목사, 이청일(李清一) 목사, 전성삼(全聖三) 목사, 김무사(金武士) 목사 김명균(金明均) 목사, 양수연(梁守延) 집사, 이하홍(李夏鴻) 집사, 이 외에 각 기관 대표 3명(관서지방회 사회부장, 서부지방회 사회부장, 관서지방 교회 여성연합회 사회부장) 등 총 14명

운영위원회는 모리타 목사님과 김안홍 목사님을 중심으로 '사랑의 집'이 안정되게 사역 할 수 있도록 기초 작업을 해줬다. 먼저 운영위원회가 중심이 되어 진행한 중요한 사업은 교회당 및 사랑의 집 센터 건축이다. 풍부한 경험을 가진 위원장과 위원들이 건축 계획을 세우는 과정과 모금, 땅과 건물 구입, 건축 공사를 위해 몇 번이고 모여서 의논, 협력함으로써 무사히 건축을 마칠 수 있었다.

다음으로 운영위원회가 적극적으로 추진한 사업은 3회에 걸친

‘사랑의 집 자선 콘서트’이다. 2004년 11월 20일, 오사카 교회에서 유명 가수겸 피아니스트인 사와 도모에(沢 知恵)를 초청, 제 1회 자선 콘서트를 개최했다. 사와 도모에가 워낙 유명인이라 그녀를 초청한 자선 콘서트는 적자를 각오해야 했다. 그러나 모두가 열심히 참여하고 티켓을 판매해 그런대로 무리 없이 만족스러운 콘서트가 되었다. 이 콘서트를 계기로 많은 사람들에게 ‘사랑의 집’의 사역을 알릴 수 있었다. 무엇보다도 사와 도모에가 ‘사랑의 집’ 후원자가 되어 지금까지 교제할 수 있게 된 것도 큰 축복이었다.

제 2회 사랑의 집 자선콘서트는 한국예수선교합창단(지휘 박성은 교수) 단원 60명을 초청해 실시됐다. 2005년 10월 25일 이나가와쵸 굿사마리탄교회에서 1차 공연을, 오사카교회에서 2차 공연을 펼쳤다. 두 번 모두 운영위원회의 협력으로 잘 마칠 수 있었다. 한국의 합창단원들도 우리 교회 건축을 위해 정성껏 기도하고 헌금하며 격려해줬다.

제 3회 사랑의 집 자선콘서트는 역시 한국예수선교합창단 단원 35명을 초청, 뮤지컬 공연으로 진행됐다. 제 1차 공연은 2012년 9월 7일 오전에 굿사마리탄교회에서, 2차 공연은 오후에 오사카교회에서 ‘감람산의 그리스도’란 제목의 뮤지컬로 펼쳐졌다. 많은 참석자들이 감동한 벅찬 무대였다. 교회 창립 15주년을 맞아 웅장한 뮤지컬 공연을 통해 사랑의 집을 더욱 알리게 되었다. 뮤지컬 공연은 또한 우리가 지역 사회에 더 깊이 들어가 봉사할 수 있는 계기가 되었다.

이처럼 운영위원회의 도움으로 우리 교회 '사랑의 집'은 일본 사회 깊숙하게 들어가 많은 일본인들에게 알려지게 되었다. 그들의 사랑을 통해 노숙자 선교를 계속해서 이어갈 수 있는 든든한 기초가 놓이게 되었다. '사랑의 집'이 든든히 서기까지 함께 해 주신 은인들을 소개한다.

고(故) 박창환 목사

고(故) 박창환 목사

우리 교회 노숙자 전도 집회에 제일 처음 오셔서 설교 봉사를 해주신 분이 고 박창환 목사님(도요나카제일부흥교회)과 박다미 사모님이셨다. 박 목사님의 열정적인 메시지를 통해 노숙자들과 스태프 모두가 힘을 얻었다. 박 목사님은 병으로 몸을 움직이실 수 없을 때까지 매달 한 번씩 오시며 가장 오랫동안 노숙자 전도 집회에서 말씀을 전해 주셨다. 물론 운영위원으로 노숙자 선교를 위해 물심양면으로 협력해 주셨다. 박 목사님은 사랑의 집 운영위원회 창립 당시 운영위원으로 굿사마리탄교회의 협력목사로 일하시던 쿠보 겐타로(久保 賢太郎)목사님을 추천해 주셨다.

쿠보 겐타로 목사

쿠보 겐타로 목사님은 사랑의 집 사역에 큰 도움을 주신 분이다. 전혀 알지 못하는 한국인 교회의 노숙자
선교를 위해 헌신하셨다. 쿠보 목사님은 사
랑의 집 운영위원회가 발족될 때 기꺼이 초대
위원으로 참여해 주셨다. 이나가와쵸(猪名川
町)에 사시는 목사님은 매달 한 차례씩 차로

쿠보 겐타로 목사

한 시간 이상 걸려 노숙자 전도 집회에 오셔서 설교해주셨다. 목
사님은 우리 교회에서 매년 노숙자 출신 세례자들이 나오는 것을
매우 기뻐하셨다. 고령으로 몸을 움직이실 수 없을 때까지 우리
교회에 오셔서 말씀을 전해주셨다.

쿠보 목사님은 많은 사람들에게 사랑의 집을 소개하면서 적극
적으로 후원하도록 요청해주셨다. 또한 몸담고 계신 굿사마리탄
교회에 사랑의 집 노숙자 선교 활동을 소개해주고, 교회 전 성도들
로 하여금 의류 생활용품을 수집해 보내주도록 다리 역할을 하셨
다. 굿사마리탄교회는 사랑의 집 자선콘서트를 개최할 수 있도록
두 번이나 장소를 제공하며 협력했다.

농사에 관심이 많으신 목사님은 밭에 채소를 재배하거나 정원
에 과실류를 심고 가꾸기를 좋아하셨다. 목사님은 애써 가꾼 작물
의 수확기가 되면 언제나 우리 부부를 부르셨다. 과일과 채소를
비롯해 그동안 모은 의류 및 생활용품을 차에 가득 실어주시곤 하
셨다. 굿사마리탄교회는 지금도 헌옷과 담요, 생활용품 등을 후원
하고 있다.

후루가와 도미야 목사

후루가와 도미야 목사

후루가와 도미야 목사님(오사카동남교회)
은 우리가 가장 어려울 때 사랑의 집을 뒤에
서 지속적으로 도와주신 분이다. 우리 부부는
2001년 지인의 소개로 오사카동남교회의 일본어 교실에 다니면서
부터 후루가와 목사님을 알게 되었다. 후루가와 목사님은 일제가
저지른 조선 침략에 사죄하는 뜻에서 교회에 재일 한국인들을 위
한 일본어 교실을 개설하셨다.

어쩌다보니 우리는 그 일본어 교실에 가장 오래 다니게 되었다.
시간이 지나면서 일본어를 배우는 자들이 점차 줄어 어느 순간부
터는 나와 집사람만 남게 되었다. 목사님은 우리 부부에게 통상적
인 일본어뿐 아니라 그림 성경극(가미시바이)을 실감나게 구현하
도록 억양과 발음을 정확히 지도해주셨다. '사랑의 집 뉴스'를 일
본어로 발행할 초기에 원고를 수정해주시고 워드로 편집할 수 있
도록 'MS워드 작성법'까지 가르쳐주셨다.

후루가와 목사님은 우리가 일본어 교실에 다니기 시작한때부
터 지금까지 변함없이 사랑의 집 후원자로 돕고 계신다. 목사님은
대동아전쟁에서 전사한 형의 유족연금이 나올 때마다 전액을 사
랑의 집에 헌금해주셨다. 또한 노후를 위해 마지막으로 남겨두신
200만 엔 전액을 우리 교회 건축 헌금으로 바쳤다. 그 헌금으로 우
리는 교회 건축으로 인한 빚을 모두 갚을 수 있었다.

나는 이 책을 쓰면서 '사랑의 집 뉴스'에 게재된 목사님의 글을 읽어 보았다. 목사님은 글을 통해 사랑의 집의 무료급식 사역에 독자들이 참여해 줄 것을 간곡히 요청하셨다. 동시에 사랑의 집이 장기적으로 노숙자 선교를 할 수 있도록 각 교회와 단체, 후원자들이 지속적인 관심을 갖도록 촉구하셨다. 그분은 나와 아내가 사례비도 받지 않고 안식년도 없이 일하는 모습을 몹시도 안타까워하셨다. 우리는 수년 동안 목사님과 매주 한 번씩 만나 우리 사정을 허물없이 털어놓고 자문을 구했다. 목사님은 우리와 스스럼없이 살아가는 이야기를 즐겨 하셨다. 정말로 우리 부부를 자녀처럼 아껴주신 고마운 분이시다. 사랑의 집의 운영에도 늘 관심을 가지며 교회 성도들과 함께 온 힘을 다해 후원하고 계신다.

모리타 유키오 목사

모리타 유키오 목사님과의 만남은 인간적인 입장에서는 우연이었지만 신앙적으로는 하나님의 크신 인도하심의 결과였다. 목사님

모리타 유키오 목사

은 장애인 시설 '니시나리 윙그' 방문차 우리 마을에 들러 용무를 마치고 근처에 있는 우리 교회를 찾아오셨다. 목사님께서 우리 교회를 찾아주신 것은 우리 교회가 속한 재일대한기독교회와 목사님이 속한 일본그리스도교회가 선교협약을 맺고 있었기 때문이었다. 목사님은 우리 교회가 노숙자 선교를 한다는 사실을 미리 알

지 못하고 오셨다. 마침 오신 날이 전도 집회가 있는 금요일이어서 목사님은 노숙자 예배와 배식 절차를 모두 지켜보시게 되었다. 모리타 목사님은 노숙자 선교에 관심을 갖고 계셨으며 2년 동안 교회 신도들과 함께 매달 한 번씩 주먹밥 만드는 단체에서 자원봉사활동을 하시기도 했다.

목사님은 그때 이후로 일본말도 잘 못하는 허물투성이의 한국 목사인 나와 우리 가족을 사랑하고 격려해주셨다. 뿐만 아니라 사랑의 집의 어려운 사정을 아시고 처음 방문부터 지금까지 힘껏 우리를 후원하고 계신다. 목사님을 통해서 일본그리스도교회 각 교회와 신도들도 우리 교회와 사랑의 집을 신뢰하며 지금까지 계속 돕고 있다.

사랑의 집이 가장 어려웠을 때, 결코 잊을 수 없는 모리타 목사님의 도움이 있었다. 당시 우리는 거리에서 노숙을 하다 심장병에 걸려 죽어가는 이토 상을 살리기 위해 먼저 그가 생활 보호를 받도록 해야 했다. 구청에 가보니 생활 보호를 받기 위해서는 정식으로 임대한 주거지가 있어야 한다고 했다. 우리는 그를 위해 방을 임대하려고 했다. 그런데 노숙자가 방을 임대하기 위해서는 반드시 보증인이 필요했다. 우리는 외국인이기에 하는 수 없이 모리타 목사님께 부탁했다. 목사님은 자칫 위험을 부담해야 할지도 모를 보증인을 기꺼이 수락하셨다. 우리는 일본에 살고 있기에 이것이 얼마나 어려운 일인지를 잘 알고 있다.

또한 사랑의 집이 모금을 하기 위해서 '사랑의 집 뉴스'를 발행

해야 했다. 우리에게는 제대로 된 복사기는 물론 사무기기도 전혀 없었기에 이번에도 목사님께 부탁했다. 목사님은 교회의 고속인쇄기를 친히 돌리시면서 사랑의 집 뉴스 레터와 봉투를 인쇄해 주셨다. 덕분에 우리는 창간호를 시작으로 자체 인쇄 시스템을 갖추기까지 수년 동안 뉴스를 발행, 후원자들에게 우리의 소식을 알릴 수 있었다.

2002년 3월 18일, 사랑의 집 운영위원회 창립대회를 앞두고 나는 목사님께 일본 측 운영위원장을 맡아주실 것을 부탁했다. 목사님은 기꺼이 수락해 주셨다. 운영위원회를 통해 우리 교회의 힘만으로 해결 할 수 없는 어려운 문제들을 함께 짊어져 주셨다. 목사님은 운영위원회 위원장으로 사랑의 집 센터 건축에도 적극 협력해 주셨다. 특히 새로운 장소에 교회가 건축된 후에 마을 주민들이 교회 이전과 노숙자 전도 집회를 반대하며 설명회를 요청했을 때 우리 교회를 대신해 주민들을 설득해 주셨다. 그럼으로써 우리는 어려운 고비를 잘 넘길 수 있었다. 지금 우리가 교회를 중심으로 전도 집회와 노숙자 지원활동을 활발히 전개할 수 있는 것도 목사님의 도움 덕분이다.

나와 모리타 목사님, 우리 교회 사랑의 집과 일본그리스도교회가 더욱 가까워지게 된 것은 2003년 9월에 실시된 일본그리스도교회 한국스터디투어를 다녀오게 된 후부터였다. 일본그리스도교회 한국스터디투어는 일본그리스도교회 인권위원회가 주최하고 한국기독교장로회 교회와사회위원회가 협력해 진행되었다. 스터디투어단은 기장 총회와 경기남노회의 협조를 얻어 한국 내 일제 침략 유적지와 각 교회를 방문했다. 나는 방문 기간 내내 통역과 안내로 봉사했다. 일본그리스도교회 방문단 일행은 위안부 할머니들이 살고 있는 나눔의 집을 방문, 눈물로 사죄했다. 또한 경기남노회 각 교회에서 과거 일본그리스도교회가 신사참배를 강요한 것에 대해 용서를 빌었다.

당시 모리타 목사님은 교단 인권위원장으로 한국 방문을 주도하셨다. 그 후, 목사님은 개인적으로도 여러 번 나눔의 집을 방문하셨다. 우리 아들과 딸이 함께 방문할 수 있는 기회도 마련해 주셨다. 덕분에 아들과 딸이 위안부 할머니들의 지난 삶을 통해 우리 민족의 아픈 역사를 간접 체험할 수 있었다.

목사님은 우리보다 일 년 먼저 오사카 기타(北)교회를 건축하고 건축 부채도 5년 내에 모두 상환한 경험을 갖고 계셨다. 목사님은 건축 경험과 지혜를 아낌없이 우리에게 제공해 주셨다. 때로는 적절한 사람도 보내 주셨다. 특히 목사님이 소개해 준 음향 전문가 이토 도모히코 상으로부터 음향 통신 시설공사에 큰 도움을 받았다. 우리가 건축 부채를 상환할 때에도 목사님은 매년 건축 헌금 모금에 협력해 주셨다. 우리 교회가 하루속히 부채를 청산할 수 있도록 기도, 격려, 후원해 주셨다. 그 결과, 우리 교회는 건축 후 8년 만에 모든 부채를 청산, 노숙자 선교에 전념할 수 있게 되었다.

목사님은 우리가 경제적·정신적으로 힘들다고 느껴지실 때면 조용히 우리 부부를 분위기 좋은 식당으로 불러내어 맛있는 음식을 대접해 주시기도 했다. 가장 어려울 때 늘 곁에 계시면서 우리를 도와주신 분, 나의 어떤 고민과 아픈 사정도 넓은 마음으로 들어주신 분이 바로 모리타 목사님이시다. 목사님의 위로와 격려, 사랑이 있었기에 우리는 지쳐있다가도 다시 힘을 얻어 노숙자 선교를 지속할 수 있었다.

김안홍 목사

김안홍 목사

에이와(永和)교회를 담임하시는 김안홍 목사님도 우리 가족이 일본에서 가장 어려웠을 때 도와주신 분이다. 1997년 5월 관서지방회 전도부가 주최한 아슈람기도회에 참석한 뒤 우리 부부는 김 목사님의 차를 타고 오사카로 돌아오게 되었다. 도중에 목사님이 레스토랑에서 식사를 대접해주셨다. 우리는 그때 너무 생활이 어려워 목사님께 5천 엔을 빌려달라고 부탁했다. 우리 부탁을 들은 목사님은 "아이들이 학교에 가져가야 할 단돈 5천 엔이 없을 정도로 너무 어렵게 사시네요. 목사님, 앞으로도 돈이 없을 때는 언제든지 부탁하세요. 2만 엔 이하라면 언제든지 도와드리겠습니다"라면서 2만 엔을 생활비로 주셨다. 눈물이 날 정도로 고마웠다.

우리 형편을 잘 알고 계신 목사님은 그 후로도 우리 교회 사랑의 집 사역을 돕기 위해 성도들과 함께 니혼바시의 주먹밥과 된장국 무료급식에 참여해주셨다. 1998년 5월부터 장소를 바꾸어 니시나리 공원에서 실시한 홈리스 형제들을 위한 무료급식에도 몇 번 성도들과 함께 오셔서 봉사하셨다. 목사님은 사랑의 집의 활동을 보아야 봉사도, 지원도 할 수 있다며 봉사 현장에 성도들이 직접 참여토록 했다. 목사님과 사모님, 에이와교회 온 성도들은 매년 성탄절 축하회에 우리 가족들을 초청해주셨다. 에이와교회의 크리스마스 파티는 그야말로 진수성찬이었다. 우리 가족들이 맛있는 음식을 먹으며 즐거운 시간을 보내고 돌아갈 때에는 헌금과 함께 노숙자들을 위한 의류, 양말, 모포, 생활용품 등을 차에 가득 실어주셨다. 차가운 길바닥에서 추운 겨울을 보내는 노숙자들에게도 따뜻한 크리스마스를 선물해주셨던 것이다.

사랑의 집 운영위원회 발족 당시 김 목사님은 한국 측 공동위원장직을 수락하셨다. 모리타 목사님과 함께 김 목사님은 운영위원장으로 성실하게 사랑의 집 후원에 전력을 다하셨다. 중요한 결정을 해야 할 때마다 늘 함께 하시며 협력해주셨다.

일본 내에서 불의에 대항해 용감히 싸워 오셨던 목사님은 우리 교회 사랑의 집의 건축과정에서 문제가 발생할 때마다 우리 편에 서서 우리를 보호해주셨다. 교회를 이전하고 노숙자 집회를 시작하려 할 때에 마을의 반대가 극심했다. 그때에도 목사님은 문제 해결을 위해 온 힘을 다해 주셨다. 이같이 목사님은 어려울 때마다 사랑의 집을 위해 몸과 마음, 시간을 드리셨다. 사랑의 집의 든든한 후원자가 되어주신 것이다. 우리는 딸 선영이의 결혼식 주례를 목사님께 부탁드렸다. 김 목사님은 결혼식에 앞서 신랑 신부를 미리 불러 하나님의 말씀으로 훈계하고 새 가정을 위한 따뜻한 격려와 사랑을 베풀어주셨다. 어려울 때 도움의 손길을 펴주신 김안홍 목사님과 같은 분이 계셨기에 우리는 지난 시절의 어려운 고비를 넘길 수 있었다.

이청일 목사

이청일 목사

이청일 목사님은 재일대한기독교회 재일한국기독교회관(KCC) 관장으로 재임 중에 사랑의 집 운영위원회에 참여하셨다. KCC는 재일한국·조선인들의 인권옹호와 차별철폐운동, 지문날인거부운동, 외국인주민기본법제정운동 등을 전개해 온 재일대한기독교회의 사회선교기관이다. 이 목사님은 여러 사회단체 및 기독교 사회선교기관과 깊은 교류를 해오셨다. 특히 청년들로 하여금 오사카 노숙자들의 노숙 현장인 가마가사키 지역을 방문해 노숙자들의 현황을 파악하고 직접 봉사에 참여토록 하는 필드워크프로그램을 매년 운영해오셨다. 목사님은 나보다 훨씬 먼저 노숙자 지원 봉사에 참여해 온 선배님이시다.

사랑의 집 운영위원회 발족 당시부터 위원으로 참여하신 이 목사님은 현재 김안홍 목사님에 이어 운영위원회 한국 측 공동위원장을 맡아 수고하고 계신다. 목사님은 운영위원회의 정관 및 각종 서류를 수정해 주셨으며 조직과 운영의 틀을 만드는 일에 많은 도움을 주셨다. 사랑의 집 운영위원회가 열릴 때마다 늘 합리적인 의견을 제시해주셨다. 그럼으로써 사랑의 집이 공정하게 운영되어 노숙자들의 아픔과 고통을 치유하는 사역을 지속적으로 이어갈 수 있도록 도와주셨다. 특히 제 1회 사랑의 집 자선 콘서트의 게스트로 사와 도모에 상을 소개하시며 섭외까지 해주셨다. 목사님의 소개로 인연을 맺은 사와 도모에 상은 지금까지 계속 우리와 교제하며 사랑의 집을 돕고 있다.

우리 교회에는 창립 초기부터 한국교회의 청년·학생 선교팀이 자주 방문하고 있다. 우리는 교회를 찾는 한국의 청년·학생들이 노숙자들을 섬기는 봉사와 선교에 참여토록 하는 한편, 재일한국인·조선인들의 삶의 현장도 방문하도록 한다. 또한 KCC를 방문해 재일한국기독교회의 선교 사역을 경험하는 시간도 갖게 한다. 지금까지 KCC의 협조로 한국의 청년·학생들은 오사카 내 조선학교와 재일동포의 애환이 묻어 있는 이쿠노(生野)의 코리아타운 등을 견학하며 재일한국인·조선인들의 역사를 배웠다. 이 책을 통해 이 사역에 동참해주신 이 목사님과 KCC 관계자들에게 진심으로 감사를 표하고 싶다.

10

노숙자들을 돕기 위한
복지주택 사업

노숙자 선교에 대한 전문지식 없이 덜컥 노숙자 선교를 하다 보니 현장에서 여러 문제에 부딪치게 됐다. 시행착오도 많았지만 문제를 해결하기 위해 새로운 것들을 배우면서 앞으로 나아갔다. 우리는 먼저 사랑의 집 스태프들이 교회에 머물도록 숙소를 제공했다. 처음에는 교회와 주차장에 방을 만들어 잠자리를 제공했다. 그러다 점점 스태프들이 늘면서 집을 임대, 공동생활을 할 수 있도록 했다.

우리 교회의 무료급식에 참여하는 노숙자들 중에는 고령이나 질병으로 더 이상 노숙을 계속할 수 없는 형제들이 있었다. 심장병에 걸린 이토 류우죠 상은 지속적인 치료와 수술을 받아야 했다. 우리는 어떻게 하면 이토 상이 나라의 의료 혜택을 받을 수 있을지 알아보았다. 노숙자들이 지속적인 의료 서비스를 받으려면 먼저 국가로부터의 생활 보호를 받아야 했다. 그러려면 머물 수 있는 방이 필요했다. 우리는 이토 상의 생활보호 자격 취득을 위해 방을 빌리기로 하고 부동산을 찾았다. 일본에서 주택을 임대하려면 보증금과 부동산 임대 수수료, 1개월분의 집세가 있어야 했다. 그래서 노숙자들이 주택을 임대하려면 10~15만 엔과 보증인이 있어야 했다. 감사하게도 사랑의 집 운영위원장이신 모리타 목사님의 보증으로 이토 상은 생활보호를 받을 수 있었다.

우리는 고령과 질병으로 시달리는 노숙자들이 죽기 전에라도 지붕이 있는 내 집에서 살다가 천국에 갈 수 있도록 돕고 싶었다. 그때 부동산업자의 소개로 싸게 주택을 구입할 수 있었다. 마침 땅 주인과 건물주가 다른 주택이 있어서 집 한 채를 30~50만 엔에 구입할 수 있었다. 등기를 하는 과정에서 땅 임차 보증금과 등기 수수료도 필요했고, 집을 리모델링 하는 것을 포함해 총 150~200만 엔이 들었다. 목돈이 없었기에 돈이 생길 때마다 한 집 한 집 늘려나갔다. 그러자 운영위원 중 한 분이 집을 구입할 돈을 빌려주었다. 우리는 늘 먼지를 뒤집어쓰며 집을 고치는 공사를 해야 했다. 다행히 우리 교회 성도 중에는 목수가 있었다. 그 목수 형제님이 헌신적으로 집수리를 도와주었다. 나는 집수리를 하면서 전기와 수도, 배관의 전문가가 되었다. 어느 순간부터 대부분의 집수리를 업자를 부르지 않고 우리 자체로 할 수 있게 되었다.

부동산에서는 집주인과 내가 직접 계약을 체결, 집의 임대 관리를 우리가 할 수 있도록 해주었다. 점차 교회의 복지 주택에 사는 가족이 10명, 20명으로 늘어갔다. 우리 교회는 소득 신고 및 구청과의 관계를 고려해 복지주택사업을 전담하는 회사를 설립했다. 현재 우리 교회가 운영하는 복지주택에 60여 명이 살고 있다. 사랑의 집 복지주택은 거의 만실이다. 한번 들어온 사람은 웬만해선 나가지 않는다. 우리 교회는 복지주택에 사는 사람들을 늘 돌아보고 있다. 병든 자, 사고 당한 자, 문제 있는 자를 도와주는 한편 고독사가 없도록 정기적으로 방들을 방문한다. 몸이 불편한 자들을 차로 병원에 데려다주고, 데려오는 봉사도 하고 있다. 혼자서 식사를 준비하지 못하는 사람들을 위해 우리 교회는 매일 식당을 운영한다. 식당은 1식 300엔의 저렴한 가격으로 운영되기에 늘 적자 상태지만 꼭 교회에서 식사를 하는 가족들이 있기에 그만둘 수가 없다.

복지주택 입주자들은 모두 나니와교회의 가족

내가 하는 중요한 일 가운데 하나는 복지주택에 사는 자들과 교인들이 병원에 입원하고 수술을 할 때마다 연대보증을 서고 의사들과 적절한 치료방법을 의논하는 일이다. 나는 우리 교회 봉사자들과 함께 병원에 입원한 자들이 가장 적합한 진료를 받도록 의사 및 병원 관계자들과 협의한다. 우리 교회 전도 심방 대원들은 매주 1~2회 병원에 입원한 형제·자매들을 방문, 기도해주고 이야기를 들어주며 위로하고 있다.

복지주택에 사는 가족들 중에는 몸이 불편해 개호(介護)를 받아야 하는 사람들이 있다. 이런 분들이 계속 늘어가고 있다. 우리는 일본 내 개호회사와 협조해 복지주택에 사는 사람들이 개호서비스를 받으며 노후를 안락하게 보낼 수 있도록 돕고 있다. 헬퍼가 도울 수 없는 시간에는 우리 성도들이 투입돼 불편이 없도록 최선을 다해 섬기고 있다. 우리 교회는 위독한 자가 있을 때엔 서로 연락해 응급조치를 하고 장기 입원 중에, 혹은 집에서 돌아가시는 분들의 장례 절차를 돕는다. 가족이 없는 자들을 위해선 전 교인이 가족이 되어 고별 예배를 드리고 모두 화장터까지 가서 고인을 천국으로 환송한다.

우리 교회가 복지주택을 운영하며 무엇보다 보람을 느끼는 것은 입주자들의 방을 일일이 찾아가 그들의 이야기를 들어주며 전도할 수 있다는 점이다. 우리는 언제든지 복지주택을 찾아 입주자들을 살피며 위로하고 복음을 전한다. 우리 교회는 노숙자들이 처음으로 예수님을 믿고 신자가 되는 비율이 일본 내 어느 교회보다 높은 것으로 알려지고 있다. 그 이유는 우리 교회가 복지주택에 들어온 자들을 한 가족으로 받아들이며 그들을 사랑하고 돕기 때문일 것이다. 복지주택 사업의 또 다른 유익은 노숙자들에게 일자리를 제공할 수 있다는 점이다. 지금 2~3명의 직원이 회사에서 파트로 일하며 교회를 섬기고 있다. 노숙자 가운데는 아무리 일을 하려 해도 마음의 질병 때문에 혹은 사회 부적응 증세 때문에 취직을 못하는 자들이 있다. 40~60대에 해당하는 노숙자들은 아직도 일할 수 있는 연령대이기에 나라의 생활보호를 받을 수 없어 오랜 세월 노숙을 해야 한다. 그들 대부분은 우울증 같은 마음의 질병을 안고 있다. 그런 마음의 질병을 가지고 있는 자에 대해 나라에서 일부 생활비를 지원하지만 나머지는 본인이 일을 해서 충당해야 한다. 그러나 마음의 질병이 있는 자는 인간관계에 아무래도 문제가 있고 잦은 감정 변화로 정해진 일을 할 수 없기에 취직이 어렵다. 취직을 해도 금방 스스로 그만두거나 해고를 당한다. 우리 교회는 정신적 장애를 지닌 자들도 나라의 복지혜택을 받을 수 있도록 최대한 돕는 한편 교회가 만든 회사가 일자리를 제공해 본인의 능력에 맞게 일을 할 수 있도록 하고 있다. 우리는 살길이 막혀 노숙할 수밖에 없는 사람들에게 살길을 찾아줘 그들이 안심하고 살 수 있는 길을 열어 주고 있다.

복지주택에 사는 입주 형제들에게 있어서 우리 교회와 교우들은 실질적인 가족이다. 교회를 중심으로 복지주택에서 살다가 때가 되면 이 세상을 떠나기에 모두가 교회를 '내 집'으로, 교인들을 '내 가족'으로 여긴다. 그래서 우리 모두는 사랑의 가족 공동체를 이루어 함께 살아간다. 복지주택에 살면서도 교회에 나오지 않던 사람들 가운데는 장기 입원하게 되어 매주 병원을 찾아 돌보고 기도해주는 우리 교회 심방팀의 섬김을 받다보면 어느새 마음이 녹아 퇴원해 교회에 나오는 경우가 많다.

또한 복지주택회사의 수익 일부는 '사랑의 집' 노숙자 선교 후원과 교회 건축 부채 상환에 사용된다. 이처럼 복지주택회사의 효용이 참으로 높다. 노숙자들을 전인적으로 돕고 살리기 위해서는 반드시 복지주택이 있어야 했다. 노숙자들은 의식주 해결이 안 되면 예수님을 믿으려 하지도 않는다. 설사 믿는다 하더라도 삶에 허덕이며 신앙생활에 전념할 수 없기 때문이다. 우리는 복지주택을 통해 많은 노숙자들에게 방과 복음을 제공하고 있다. 입주에서 천국에 이르기까지 전 생애를 돌보는 섬김을 통해 이 땅에서 지극히 작은 한 사람 한 사람에게 주님의 크신 사랑을 전하고 있다.

노숙자 급식 현장에서 수많은 사람들이 줄을 서서 차례를 기다리고 있다

3
작은 자들이
이뤄낸 기적

"나니와교회 사역을 보면서 뭔가 가슴 밑바닥부터 뜨
뜻한 감동이 올라오는 것을 느꼈습니다. 한 사람 한 사
람들을 인터뷰하고 취재하면서 다른 곳에서 볼 수 없
는 진정성을 감지했습니다. 이것이야말로 일본 사회에
희망을 불어넣는 일이라고 확신했습니다."
- 아사히 신문 기자

◆

나는 이 고귀한 헌금을 두렵고 떨리는 마음으로 받았
다. 하라 상의 유언을 다시 한 번 우리 교회가 이 험한
세상 속에서 보통 사람들에겐 당연한 은혜를 누리지
못하고 살아가는 많은 사람들을 위해 더 진지하게 일
하라는 하나님의 음성으로 들었다. 우리 교회의 모든
사람들은 이제 대충 살 수 없다. 하라 상의 유지, 아니
그 유지를 통한 하나님의 음성을 받들며 살아야 하는
것이다. 우리는 앞으로 예수님의 마음과 사랑, 자세로
이 사회의 소외된 자들의 친구가 되어 그들을 위로하
고 도와주며 삶의 용기와 희망을 주는 일을 해야 한다
는 사명을 다시 한 번 다짐했다.

11

나니와교회 교회당
사랑의 집 센터 건축

우리 교회는 노숙자들을 섬기는 일에 온 힘을 쏟아왔기에 언제나 재정적으로 어려웠다. 내일을 위해 저축할 여유는 전혀 없었다. 그저 하루하루 모든 것을 털어 노숙자들에게 밥을 제공하고 살아갈 수 있다는 것 자체만으로도 감사하며 만족하고 살아왔다.

그런 우리 교회가 어떻게 교회 부지를 구입해 예배당을 지을 수 있었을까? 모든 것이 하나님의 인도요, 하나님의 은혜이다. 니시나리 공원 근처로 이사한 이후 밀려오는 노숙자들로 인해 교회는 어느새 발 디딜 틈이 없을 정도로 가득 찼다. 당시 우리 교회는 바닥면적 20평의 2층 건물이었다. 1층은 주방과 식당, 2층은 예배당이었다. 예배당은 한쪽 구석에 통역실이 있고 오르는 계단이 있어서 약 15평 정도의 크기다. 이 작은 예배당에 매주 목요 집회와 주일 오후 예배 때마다 120여명이 모였기에 노숙형제들은 언제나 콩나물시루처럼 빼곡하게 앉아야 했다. 2층 예배당에 다 들어가지 못한 노숙형제들은 1층의 식당에서 영상으로 예배를 드려야 했다. 본래 창고였던 장소를 교회로 개조했기에 계단이 급경사라서 맨손으로도 오르내리기가 상당히 위험했다. 그런데 우리는 매 집회마다 밥솥, 국, 찜통을 들고 가파른 계단을 오르락내리락 해야 했다.

"목사님, 교회 건축하세요!"

어느 날, 우리 교회에 봉사자로 온 다른 교회 여성 신도들이 우리 교회의 현실을 보고 내게 말했다.

"목사님 왜 건축할 생각을 하지 않습니까? 교회를 건축해서 넓은 곳에서 예배를 드립시다."

나는 교회 형편을 잘 알고 있기에 그 이야기를 듣고도 건축에 대한 조금의 엄두도 내지 못했다. 그러던 어느 날, 나는 교회 건축을 하지 않으면 안 되도록 나를 몰아세우는 하나님의 인도를 느꼈다. 우리 교회에 봉사하러 오는 한국인 여 집사님 한 분이 갑자기 나에게 저금통을 전해줬다. 그러면서 이렇게 말했다.

"목사님 교회를 건축하세요. 교회를 건축할 때는 반드시 노숙자들도 목욕을 할 수 있도록 샤워장을 꼭 만들어 주세요. 나는 일본

에 건너와서 이제 나이가 들어가는데 일본 땅에서도 하나님의 사
람으로 살았다는 흔적을 남기고 싶습니다."

집사님은 저금통에 일부러 500엔만을 가득 채웠기에 한번 가
져올 때면 5만 엔이 넘었다. 그 집사님은 매월 올 때마다 저금통을
가지고 왔다. 그 집사님의 열정을 보면서 그것이 하나님이 우리
교회에 주시는 사인이라고 여겼다. 나는 건축을 해야겠다고 마음
먹었다. 생각해보니 건축을 하지 않으면 우리 교회엔 장래의 소망
이 없다는 것을 깨달았다.

니시나리 공원 근처로 이전하면서 많은 노숙자들이 몰려오자
마을 사람들에게 '나니와교회는 노숙자들이 모이는 교회'로 알려
졌다. 아마도 이 소문은 니시나리구 전체에 전파될 것이다. 우리
가 지금은 교회당을 임대해서 사용하고 있는데 임대 계약이 끝나
주인이 나가라고 하면 더 이상 우리에게는 갈 곳이 없다. 아무도
노숙자들이 모이는 우리 교회에 장소를 빌려주지 않을 것이다. 이
를 타개하기 위해선 건축 외에는 대안이 없었다. 그 외에도 우리
가 건축하지 않으면 안 될 이유가 있었다. 지금 우리 교회는 노숙
하다가 지쳐서 하나님의 집을 찾아온 노숙 형제 · 자매들을 섬기
고 있다. 모처럼 하나님 아버지 집을 찾아온 노숙자들에게 영육간
의 참된 안식을 제공해야 했다. 그런데 우리 교회는 너무나 좁고
복잡하다. 마땅히 쉴 곳도 없고 화장실도 한 곳 밖에 없어 불편하
기가 그지없었다. 이발실도, 샤워실도, 교회 사무실도, 스태프들

이 쉴 숙소도 없었다. 도무지 없는 것투성이였다.

　나는 내 욕심에서가 아니라 노숙자 섬김 사역을 계속 이어가기 위해서는 교회당과 사랑의 집 센터를 건축해야 한다고 생각했다. 그것이 분명 아버지 하나님의 뜻임을 확신했다. 그래서 먼저 교인들에게 건축의 필요성을 설명하고 비전을 선포했다. 그리고 간절히 기도했다. 그러나 현실은 막막했다. 우리 교회 성도들은 모두가 가난했다. 대부분이 노숙자였기에 건축 헌금을 모을 길이 보이지 않았다. 그때 야마모토 형제가 제안했다.

　"여러분, 우리 모두 알루미늄 캔을 모아 팝시다. 그 돈을 건축 헌금으로 바칩시다. 그러면 우리 노숙자 성도들도 모두 건축 헌금에 동참할 수 있습니다."

　교인들은 야마마토 형제의 제안을 받아들여 광고를 하고 캔 모으기를 시작했다. 전도 집회가 열릴 때마다 노숙인 형제들이 알루미늄 캔을 열심히 모아왔다. 한번 집회를 할 때마다 알루미늄 캔이 산더미처럼 쌓였다. 건축을 본격적으로 추진하기 위해서는 사랑의 집 운영위원회에서 결의를 해주어야 한다. 나는 여러 번 운영위원들에게 건축의 필요성을 설명했다. 드디어 2004년 1월 26일 제 5회 사랑의 집 운영위원회에서 나니와교회 창립 10주년 기념사업으로 나니와교회당 및 사랑의 집 센터를 건축하기로 결의하고 일본 전국과 해외에서 모금활동을 하기로 했다. 나니와교회와 사랑의 집 창립 10주년이 되는 2007년까지 총 5000만 엔을 모금하기로 했다.

나는 교인들과 건축을 위해 구체적으로 목표를 설정하고 기도하기로 했다. 건축 헌금 모금 목표액을 운영위원회에서 결의한 5000만 엔으로 정했다. 우리는 사랑의 집 뉴스에 '교회 부지 100평, 200석 규모의 예배당, 주방 식당 사무실 게스트룸 샤워실 이발실 화장실 주차장이 달린 교회'를 세우기 원한다고 자세하게 알렸다. 우리 교회는 창립 10주년이 되는 2007년 말까지 토지 구입과 건축 완료를 위해 전 성도들이 간절히 기도했다. 2004년 2월부터 모금을 시작한 이후로 국내외에서 후원자들이 건축 헌금에 동참해 주셨다. 교회는 매일 저녁 기도회를 열어 하나님께 간구했다.

"하나님, 우리 교회를 돌아봐 주십시오. 지난 시절동안 하나님의 심정으로 온 마음을 다해 노숙자들을 먹인 우리 교회에 10주년 기념 선물로 새 교회당 및 사랑의 집 센터를 주십시오. 이것이 주님의 선물임을 알 수 있도록 역사해 주시옵소서."

2005년이 지나고 2006년이 되자 우리는 교회 부지와 건물을 찾아보기로 했다. 때마침 자주 교제한 부동산에서 토지와 건물을 소개해주었다. 4층 건물에 땅도 100평정도 되는 건물을 보고 나는 마음에 들었다. 교인들에게도 보여주니 모두 좋아했다. 사랑의 집 운영위원회를 소집하여 의견을 들어보았다. 운영위원들도 대부분

좋게 여겼지만 위치가 너무 마을 한 가운데라는 점과 가까운 거리에 다른 교회가 있는 점을 지적하는 분도 있었다. 그러나 교회도, 운영위원회도 구입하기로 결정하고 지방회와 총회의 승인을 받는 절차를 밟기로 했다. 지방회와 총회의 승인을 받기까지 몇 개월 걸리기에 우리는 은행 융자가 되지 않을 경우 위약금 없이 계약을 해지하는 조건으로 계약을 체결했다.

건축보다 이웃과의 평화가 먼저

계약 체결 후 지방회에 건축 안을 제출하고 사려고 하는 건물 근처의 교회에 알리고 허락을 요청했다. 우리 교회는 노숙자 중심의 교회이고, 같은 교단도 아니기에 별다른 문제가 없을 줄 알았다. 그러나 옆 교회는 우리 교회의 건물 구입에 강하게 반대하며 총회와 지방회에 항의를 했다. 나는 어떻게 해야 좋을지 걱정이 앞섰다. 이웃 교회의 반대를 받아들여 계약을 해지하면 300만 엔의 계약금을 잃어버리게 된다. 우리 교인들과 노숙자들이 알루미늄 캔을 모아 간신히 모금한 300만 엔을 생각하면 쉽게 계약을 해지 할 수 없었다. 그러나 계속 건축을 강행하게 되면 이웃 교회와 싸워야 했다. 나는 기도하며 하나님의 인도에 모든 것을 맡겼다. 그때 하나님은 나에게 모든 것을 포기하고서라도 이웃 교회와 화평을 이뤄야 한다는 마음을 주셨다.

"저는 너무 성급하게 일을 추친하다가 이웃 교회를 배려하지 못한 가운데 계약을 해버렸습니다. 모든 것이 저의 부족함 때문에 일어난 일입니다. 위약금 300만 엔은 제가 개인적으로 헌금하겠습니다."

나는 교회와 운영위원회에 이렇게 말하고 해약을 허락해줄 것을 부탁했다. 교회도, 운영위원회도 부족한 나를 용서하고 해약을 허락해줬다. 1차 교회당 구입에 실패한 후, 나는 건축을 추진할 용기를 잃어버렸다. 그러나 언제까지 절망만 하고 있을 수는 없었다. 교회 창립 10주년이 되는 2007년이 1년도 남지 않았다. 그때까지 모은 건축 헌금 모금액 900만 엔 중 300만 엔을 날리고 600만 엔밖에 남지 않았다.

이제는 오직 주님만 의지하며 간절히 기도할 수 밖에 없었다. 지난 실패를 교훈 삼아 땅과 건물을 구입하고 건축하는 모든 과정을 신중하게 진행하려 했다. 기도를 하고 있던 2006년 말, 부동산에서 또 다른 건물을 소개해주었다. 100평의 땅에 3동의 건물이 복잡하게 자리 잡고 있었다. 4차선 도로에 접해 있고 우체국과 버스정류장이 옆에 있는, 우리 마을에서 제일 좋은 일등급 땅이었다. 나는 땅과 건물을 교인들과 운영위원들에게도 소개했다. 위치는 좋지만 건물이 너무 낡아 리모델링을 하는데 많은 돈이 필요했다. 토지와 건물 가격은 총 5500만 엔이었다. 교회당으로 적합한 물건이었지만 가격이 우리 예산을 훨씬 초과했다. 나는 가격이 너무 비싸서 살 수 없다고 말했다. 그러자 건물 주인이 5000만 엔에 사라고 했다. 또 너무 비싸다고 거절했다. 그러자 4500만 엔에 팔 겠다고 했다. 교회와 운영위원회에서 충분히 의논한 후에 구입하 기로 했다.

우리는 하나님이 우리에게 허락하신 물건이면 서두르지 않고 우리 입장을 충분히 반영해서 계약을 체결해도 될 것이라고 믿었 다. 계약금은 45만 엔으로 정했다. 은행에 알아보니 3500만 엔 정 도 융자를 받을 수 있었다. 우리는 잔금 지불 시기도 계약 체결 후 융자 결과가 나오는데 충분한 시간인 2개월 후로 정했다. 우리는 현금 600만 엔을 쥐고, 4500만 엔의 교회당 부지와 건물을 구입하 기로 했다.

드디어 성전 건축을 시작하다

계약을 체결한 후, 매일 밤 건물 구입을 위해 성도들과 함께 기 도했다. 나는 매일 밤 건물 앞에 와서 벽에 손을 대고 기도했다.

"하나님, 우리는 비록 돈이 없지만 만군의 주님이신 하나님을 의지합니다. 이 땅과 건물을 주시옵소서."

융자를 신청한 후에 아무리 기다려도 결과가 나오지 않아 마음 을 졸이며 기도에 기도를 거듭했다. 그러다 결국 심사 2개월 후에

3500만 엔 융자가 허락되었다. 그리고 일본 'NCC 에크로프'에서 1000만 엔을 빌렸다. 우리는 건물 구입비용을 지불하고 본격적으로 교회당 건축 공사를 준비했다. 우리는 매일 밤마다 부르짖으며 기도했다.

"하나님, 지금까지 오직 당신만 의지하고 기도하며 여기까지 왔습니다. 앞으로도 필요한 비용과 건축업자, 건축일꾼 등 모든 문제들을 해결해 주실 것을 믿습니다."

우리는 노숙생활을 하다 최근에 생활보호를 받게 된 오오키 마사노리 형제가 1급 건축기사였다는 사실을 알게 되었다. 내가 오오키 형제에게 건축설계를 부탁하자 그는 흔쾌히 자원했다. 나는 우리 교회의 형편에 맞도록 몇 번이고 설계를 고치고 또 고치도록 오오키 형제에게 부탁했고 결국 설계도가 완성됐다. 돈이 없었기에 건축업자와 교회가 동업해 교회당 건축 공사를 하기로 했다. 다행히 저렴한 가격에 공사를 하겠다는 업자가 나타났다. 성전 건축을 진행하면서 하나님께서 놀라운 방법으로 일꾼들을 적절하게 보내주셨다.

우리 성도 가운데 평생 목수로 일했던 후지사와 형제는 매일 공사 현장에 나와 온 정성을 다해 나와 함께 일했다. 페인트를 칠해야 할 때면 페인트 전문가인 미즈노 형제가 나타나 처음부터 끝까지 공사를 해줬다. 전기와 음향, 영상 공사가 필요할 때는 일본 교회의 이토 도모히코 형제, 수도 공사를 할 때에는 모리타 야스히로 형제가 와서 도와주었다. 우리 교회당은 교인들의 땀과 정성, 기도로 세워져갔다.

나는 하나님이 성전 건축을 친히 인도하시고 계심을 느꼈다. 그분은 때를 따라 필요한 일꾼을 보내주셨다. 그들은 모두가 주의 몸 된 성전의 건축을 위해 온 정성을 다하는 신실한 일꾼들이었다. 건축 비용도 자금이 모자라 공사가 중단되는 일이 없도록 남지도 모자라지도 않게 채워주셨다. 우리 교회는 5년 후에 갚기로 하고 교회 채권을 발행했다. 후원자들 가운데 여러분들이 총 500만 엔을 무이자로 맡겨주셨다. 가난한 노숙자를 섬기는 우리 교회가 일본에서 교회 개척 10년 만에 교회당과 사랑의 집 센터를 건축하게 된 것은 정말로 하나님이 행하신 기적이라고밖에 말할 수 없다. 하나님이 하셨다! 모든 것이 하나님의 은혜였다. 아무것도 없었지만 우리에겐 하나님이 계셨다. 생각해보면 하나님만 함께하시면 모든 것을 가진 것과 같다. 그분은 모든 공급의 원천이시다. 그런 하나님만 의지하고 기도했을 때, 하나님은 놀라운 방법으로 당신의 일을 진행하셨다.

"내가 또 너희에게 이르노니 구하라 그러면 너희에게 주실 것이요 찾으라 그러면 찾을 것이요 문을 두드리라 그러면 너희에게 열릴 것이니 구하는 이마다 받을 것이요 찾는 이가 찾을 것이요 두드리는 이에게 열릴 것이니라 너희 중에 아비 된 자 누가 아들

3. 작은 자들이 이뤄낸 기적

이 생선을 달라 하면 생선 대신에 뱀을 주며 알을 달라 하면 전갈을 주겠느냐 너희가 악할 찌라도 좋은 것을 자식에게 줄줄 알거든 하물며 너희 천부께서 구하는 자에게 성령을 주시지 않겠느냐 하시니라."(눅11:9~13)

나는 교인들과 함께 비록 우리 손엔 아무것도 없지만 하나님께 우리 사역에 필요한 규모의 교회당을 주실 것을 구체적으로 기도했다. '땅 100평, 200명이 들어가는 예배당, 넓은 주방과 식당, 게스트 룸, 스태프 숙소, 샤워실, 이발실, 사무실, 주차장 등….' 그런데 우리 하나님은 정말로 세심하신 분이셨다. 교회당 건축을 끝내고 보니 하나님은 우리가 구한 그대로 정확히 응답해주셨다. 딱 한가지 다르게 응답해주신 부분이 있기는 하다. 우리는 200명이 들어가는 교회당을 구했는데 최종적으로 150명이 들어가는 교회당을 주셨다. 여기에도 분명 우리가 알지 못하는 뜻이 있으리라.

아무튼, 우리가 새로운 교회당과 센터를 건축한 것은 사막에 장미꽃이 피어난 것과 같은 기적이었다. 왜 하나님은 지극히 작은 자들인 우리에게 광야의 기적을 보여주셨을까? 모든 것이 하나님의 은혜이기에 그 이유를 정확히 알 수 없다. 단지 생각해보면 우리 모두가 전적으로 주님만을 의지했기 때문이라고 생각한다. 나는 300만 엔을 그냥 허비한 후에 온 교인들과 함께 기도하며 철저히 주님의 도움만을 구했다. 내 욕심으로 구하지 않았다. 그저 노숙자들이 영육의 양식을 먹고 안식할 수 있는 교회당을 허락해 달라고 기도했다. 하나님은 내 기도보다 더 좋은 것으로 응답하셨다.

"너희가 악할 찌라도 좋은 것을 자식에게 줄줄 알거든 하물며 너희 천부께서 구하는 자에게 성령을 주시지 않겠느냐 하시니라."(눅 11:13)

예수님은 우리에게 무엇보다도 하나님이 기뻐하시는 성령을 먼저 구하라고 말씀하셨다. 이를 다시 우리에게 적용해보면 주님은 우리 모두가 자신을 위해서가 아니라 주님 기뻐하시는 일을 위한 거룩한 소원을 품고 기도하기를 원하신다고 나는 믿는다.

우리는 기도한 대로 나니와교회와 사랑의 집 창립 10주년이 되는 2007년 12월 2일 주일에 입당예배를 드리고 새 교회당으로 교회를 이전했다. 입당예배를 드리고 새 교회당에서 교회 생활을 시작할 때 우리는 꿈꾸는 것 같았다. 마치 허벅지를 꼬집으며 꿈이 아니라는 것을 확인하듯, 일일이 벽을 만지면서 우리에게 주어진 새로운 교회당이 꿈이 아니라 현실인 것을 확인하며 하나님께 감사와 찬양을 올렸다.

2008년 6월 1일 주일 오후 4시에 교회 성도들을 비롯해 사랑의 집 후원자들과 재일대한기독교회 관서지방회 각 교회 교역자와 신도들이 모인 가운데 감격적인 헌당예배를 드렸다. 교회는 그동안 건축을 위해 수고한 건축업자와 전기·음향·통신 설비를 도와준 이토 도모히코 형제에게 감사패를 수여했다. 나니와교회당 사랑의 집 센터가 완공되어 하나님께 드려지는 기쁨을 함께 하기 위해 한국에서도 가족들이 왔다. 일본에서도 많은 분들이 참석해 앞으로 이 성전을 통해 수많은 영혼들이 예수 사랑을 누리고 구원받게 되기를 간절히 기도했다.

우리는 10년에 걸쳐 갚기로 약속하고 은행으로부터 3500만 엔을 빌렸다. 그 외에도 일본 NCC 에크로프에서 1000만 엔, 각 교회와 개인으로부터 500만 엔을 빌렸다. 약 5000만 엔의 부채를 갚기 위해 건축 후 5년간 우리는 매월 약 50만 엔씩 부채를 상환했다. 6년 째 되는 해부터는 매월 32만 엔씩 부채를 갚아나갔다. 하나님의 은혜로 한 번도 연체하지 않고 순조롭게 빚을 갚을 수 있었다. 그리고 2018년까지 상환하도록 되어있는 은행 융자금을 2년 앞당겨 2016년 2월에 모두 상환, 더 이상 부채 없는 자유를 누리게 되었다. 참으로 하나님의 은혜라고 밖에 말할 수 없다. 지금은 건축 부채의 무거운 짐을 벗어던지고 편안하고 가벼운 마음으로 노숙자 선교에 전념할 수 있게 되었다.

하나님의 마음으로 함께 지은 나니와교회

12

나니와교회 사랑의 집 일본
아사히신문 보도

2013년 2월 25일 아사히(朝日)신문 사회면에 나니와교회 사랑의 집 기사가 크게 실렸다. 뒤에 알게 되었지만 우리 교회에 대한 기사가 아사히신문 조간과 석간, 지방판, 전국판, 국제판, 인터넷판 등에까지 게재되었다. 2013년 2월 25일은 한국의 박근혜 대통령이 취임한 날이기도 했다. 아사히신문은 박근혜 대통령 취임기사와 함께 우리 교회 기사를 사회면 3분의 2이상의 지면을 할애해 보도했다. 그날 나는 깜짝 놀랐다. 재일동포 사회와 일본 교계도 깜짝 놀랐기는 마찬가지다. 재일대한기독교회 각 교회는 신문을 오려서 스크랩하기도 했다.

아사히신문 사회부의 후지오 아키라 기자는 겸손하고 성실하게 노숙자를 섬기는 우리 교회를 통해 노숙자 선교의 모델을 보았다고 썼다. 후지오 기자는 지적 장애를 가지고 살면서 수없이 집을 나가버리곤 했던 당시 75세의 한 할아버지를 우리 교회가 정성껏 섬기는 모습을 집중 취재했다. 지적 장애를 지닌 그 할아버지를 밤낮없이 무료로 돌보고, 집을 나가면 찾아 데려오고, 깨끗하게 씻어주고 음식을 주는 등 마음으로 돌보는 모습을 보고 후지오 기자는 깊은 감동을 받았다고 했다. 그는 우리 교회 사랑의 집이 노숙자들을 전인적·총체적으로 끝까지 돌보는 모습을 일본 전국에 알리고 싶었다고 한다. 기독교 신앙을 갖기 힘든 일본에서 나니와교회를 통해 많은 일본인 노숙자들이 세례를 받고 하나님의 가족이 된 것도 우리 교회 교인들이 그들을 하나님 안에서 가족으로 받아들이며 섬기고 있기 때문이라고 후지오 기자는 분석했다.

나니와교회 사랑의 집은 오사카에서 한국교회로서는 가장 오랫동안 노숙자들을 위한 무료급식 및 지원활동을 해왔다. 그리고 고령의 노숙자들이 지치고 고단한 노숙 생활에서 벗어나 마지막 죽기 전 짧은 기간만이라도 지붕이 있는 편안한 자신만의 방에서 살다 하나님의 부르심을 받아 이 세상을 떠날 수 있도록 복지주택을 운영하고 있다. 나니와교회는 노숙자들을 위한 총체적인 지원사업을 펼치고 있는 것이다.

나니와교회 사랑의 집은 15년 이상 오사카에서 노숙자를 도우며 선교 활동을 해왔음에도 일본 언론 매체의 주목을 받지 못했다. 우리는 그저 세상이 알아주는 것과는 상관없이 묵묵히 노숙자 선교의 길을 걸어왔다. 나니와교회는 복지주택 사업을 통해 지금까지 수많은 노숙자들이 차가운 길바닥에서 벗어나 따뜻한 내 집에서 생활하도록 도와왔다. 나니와교회 성도들은 노숙에서 벗어나 복지주택에서 함께 살게 된 형제자매들을 가족으로 받아들였다.

아사히신문 기자가 감동한 나니와교회의 사역

2012년 가을, 아사히신문 사회부의 후지오 기자가 우리 교회를 찾아 왔다. 우리 교회 노숙자 선교지원활동에 대해 인터뷰를 하고 싶다고 말했다. 나는 일본에 살면서 일본 언론이 재일동포와 한국 교회에 대해 늘 비판적인 기사를 게재했던 것을 보아왔기에 인터뷰 요청에 덜컥 겁이 났다. 더구나 교계지도 아닌 일본의 최고 권위지인 아사히신문에서 인터뷰를 하자는 것이었다. 그래서 나는 후지오 기자에게 우리 교회와 사랑의 집을 있는 그대로만 보도한다면 인터뷰에 응하고 취재를 허용하겠다고 말했다. 이후 그는 나와 여러 번 인터뷰를 했다. 교회 스태프들과도 인터뷰했다. 무료급식 활동과 교회 스태프들이 복지주택에 사는 병들고 연약한 자, 장애를 가지고 있는 자들을 어떻게 섬기고 있는 지를 취재했다. 무려 두 달에 걸쳐 취재를 했다. 나는 매일 뉴스를 다루기에도 바쁜 기자가 우리 교회 취재에 그렇게 오랜 시간을 드리는 이유가 궁금했다. 후지오 기자는 우리 교회 기사가 나간 후에 말해주었다.

"나니와교회 사역을 보면서 뭔가 가슴 밑바닥부터 뜨뜻한 감동이 올라오는 것을 느꼈습니다. 한 사람 한 사람들을 인터뷰하고 취재하면서 다른 곳에서 볼 수 없는 진정성을 감지했습니다. 이것이야말로 일본 사회에 희망을 불어넣는 일이라고 확신했습니다. 특히 목사님과 더불어 이야기하다보면 마음이 뻥 뚫리는 것 같은 시원함을 느꼈습니다. 그래서 더욱 공들여 취재하게 되었습니다. 저 역시 혼을 다해 기사를 쓰고 싶었다고나 할까요."

후지오 기자는 가마가사키 지역 노숙자 선교 봉사 활동을 취재하며 얼마나 많은 돈을 드리고, 얼마나 많은 사람을 물질적으로 돕느냐를 지켜보지 않았다. 사람들의 진심을 보려했다. 우리 교회 성도들과 봉사자들이 얼마나 진정성을 갖고 노숙자들을 돕고 있는지, 그 도움을 받는 노숙자들이 얼마나 진심으로 감사하는지를 보려했다. 진심과 진심이 만나는 모습을 포착하려 했던 것이다. 그는 우리 사역 현장에서 지극히 작은 자를 예수님을 대하듯 겸손히 섬기는 사랑의 실천을 보았다. 예리한 기자를 감동시켰던 것은 지극히 작은 자들에게 행하는 사랑의 손길이었다. 이것은 비단 후지오 기자뿐 아니라 세상이 교회를 통해 보려는 모습이 아닐 수 없다.

"임금이 대답하여 가라사대 내가 진실로 너희에게 이르노니 너희가 여기 내 형제 중에 지극히 작은 자 하나에게 한 것이 곧 내게 한 것이니라 하시고" (마태 25:40)

후지오 기자는 지적 장애를 안고 있는 당시 75세의 하마사키 상의 인터뷰를 위해 복지주택을 찾았을 때, 그가 경찰 순찰차에 실려 돌아오는 장면도 목격했다. 하마사키 상은 당시 우리 교회 복지주택에 들어온 지 7년이 되었는데, 그 7년 동안 무려 69차례나 집을 나갔다가 돌아오곤 했다. 그는 "나니와교회는 언제나 나를 받아주기에 늘 고맙다"고 말했다. 우리는 밤낮 거리에서 방황하다 경찰에 보호를 받고 있는 하마사키 상을 집으로 데려왔다. 똥과 오줌으로 찌든 옷을 벗기고 씻어줬다. 나와 교회 스태프들은 아무 조건 없이 하마사키 상을 섬겼다. 그 모습을 보면서 후지오 기자는 지극히 작은 자를 섬기는 예수 사랑의 참 모습을 보았다고 했다.

아무튼 하나님께서 갑자기 너무 큰 선물을 주셔서 우리 사랑의 집의 작은 봉사가 세상 사람들에게 알려졌다. 그 기사로 인해 사랑의 집은 일본 사회에서 노숙자를 제대로 섬기는 모범적 단체로 좋은 평가를 받게 되었다. 우리로서는 부끄럽고 분에 넘치는 평가이며 단지 앞으로도 더 잘하라고 주신 주님의 상급이라고 생각한다. 우리는 아사히신문 기사를 변함없이 지극히 작은 자를 예수님처럼 사랑과 정성으로 섬기라고 주신 주님의 위로와 격려의 선물로 받아들이며 감사했다.

아사히신문 보도가 나간 후에 니시나리 구청에서 나와 교회를 대하는 태도가 달라졌다. 우리 교회 사랑의 집 노숙자 선교 지원 사업이 일본사회에서 더욱 신뢰를 얻게 되었고 더 많은 뜻있는 사람들이 동참하게 됐다. 이후 관서학원대학 도시빈민연구그룹을 비롯한 각종 사회단체와 교회들이 우리의 노숙자 사역에 관심을 갖고 교회를 찾았다.

25日 月曜日 朝日新聞

釜ケ崎 信仰こそ家族

仕事減 高齢化する労働者

ルポルタージュ現在 Reportage

取材＝藤生明

韓国系教会 増える洗礼

元野宿者らが多く集う浪速教会の日曜礼拝＝大阪市西成区、中島友紀雄撮影

感謝のアルミ缶「献金」

가마가사키의 신앙으로 맺어진 가족
일자리 감소, 고령화하는 노동자

일본최대의 노동자 숙박여관 밀집지역 오사카 가마가사키지역에서 한국계 기독교회의 신도가 점점 늘어가고 있다. 대부분은 전 노숙자들이다. 일용 노동이 줄어들어 갈 곳을 찾지 못한 자들이다. 가마가사키에서 가까운 곳에 있는 재일대한기독교회 나니와교회, 연말에 행해진 세례식에는 약 40명의 신도들이 참석했다. 세례를 받은 두 사람은 65세, 45세의 형제이다. 모두 일용 노동자이며 한 사람은 알콜의존증으로부터 벗어나기를 원하고 또 한 사람은 노름 중독에서 벗어나 갱생의 길, 새로운 인생을 걸어갈 것을 서약하고 신앙에 입문했다.

가마가사키에서 기독교는 압도적인 존재감을 보인다. 월동을 위한 야간순회급식, 순찰, 고독사 대책, 알콜의존증 대책 등에서…. 나니와교회는 매주 공원에 봉고차로 주먹밥과 된장국을 가지고가서 무료급식을 한다. 많을 경우에는 200명이 줄을 선다. "교회가 하는 일은 고맙게 생각하지만 어디까지나 배를 채우기 위해서 가는거야"라고 말하는 사람도 있고, 신앙에 대하여 마음을 여는 자도 있다.

"맛있어요, 맛있어요, 맛있는 된장국입니다." 큰소리로 외치며 나눠주는 한 남성(63세)이 있다. 그는 교회 스태프로 교회에 거주하며 매일 아침 저녁으로 신도들의 주택을 돌며 격려하고자 매일매일 한 사람 한 사람을 돌아본다. 대부분의 신도들이 고령자이고 혼자 살고 있다. 그도 전에는 노숙자였다. 취재에 의하면 관동에서 의사로 근무했었다고 한다. 그는 왜 노숙을 하게되었었는가에 대하여 "10년 전 환자가 사망하는 의료사고를 계기로 위에서 아래를 보는 교만한 자세로 간호사와 환자를 대해왔던 나 자신이 변화되고 싶었다. 가마가사키에서 생활하다보면 나 자신이 변화되지 않을까?"라고 생각하여 노숙생활을 했다고 그는 취재에 응했다. 그는 낮에는 직업안내소의 홀에서 누워서 쉬고 밤에는 공설 숙박시설에서 숙박했다. 일자리가 없었고 밥은 오직 무료급식에 의존해야 했다. 그는 "식사 양이 일반 음식점보다 배나 주는 나니와교회는 참으로 노숙자의 마음을 알아주는구나"라고 생각했다. 원래 선종(禪宗)의 단가(檀家)에서 개종한다는 것은 한 번도 생각해 본 적이 없었다. 밥을 먹기 위해서 교회에 다니던 중 "지극히 작은 자 하나에게 한 것이 곧 예수, 하나님에게 가장 귀한 일을 한 것이다"라는 목사의 설교에 마음이 끌렸다. 자신도 예수를 믿으면 변화될 수도 있지 않겠나?라는 생각으로 교회의 스태프가 되었다.

지금 가마가사키에서 선교하는 한국 교회는 4개 교단이고 한국계 교회의 후원을 받아 빈민 선교를 하는 몇몇 일본 교단도 있다. 나니와교회는 '홈리스 선교의 모델'이라는 말을 듣지만 김종현 목사(56세)는 그 말에 당혹스러워 했다.

김목사는 1996년 일본에 와서 재일동포의 구원을 위해 일하려고 맨 처음 가마가사키에서 무료급식을 시작했다. 그러나 많은 일본인들이 줄을 서서 무료급식을 기다렸다. 나니와교회는 신도가 된 노숙자들이 자기 아파트에서 살 수 있게 하기 위해 생활보호를 받도록 돕고있다. 하지만 (노숙자들이 생활보호를 받고) 생활의 여유가 생기면 신앙을 포기하고 술에 취해 생활하는 삶으로 돌아가 버리는 자들도 있다. "경제적으로 안정된 생활을 할지라도 홀로 살아가는 고독한 삶에서 벗어날 수는 없는 법이다. 그러기에 외롭게 살아가는 자들에게 신앙이 필요하다"고 김 목사는 말한다. 가마가사키에서 선교 활동을 하는 교회들 중에는 억압적으로 전도하는 교회도 있다. 같은 노동자들을 상대로 하는 노동운동 단체들이 지금까지 그런 교회들을 견제해왔었다. 그러나 90년대 후반 간사이공항의 개항 등으로 대형건설사업이 끝나고 일용 노동자 시장이 약해졌다.

"전에는 노동운동이 일용 노동자들을 지원해 주었지만 노동시장의 축소와 더불어 썰물처럼 빠져나갔다. 대신에 아무런 제재와 견제가 없어진 때에 한국계 교회가 식사를 제공하는 전도 집회를 시작하면서 노숙자들이 모여왔다."

오사카시 도시연구 프라자의 박사 연구원이며 가마가사키를 계

143

속해서 연구해 온 사회학자 시라하세 다츠야씨의 분석이다.

오사카시에 의하면 가마가사키 지역에서 살고 있는 사람은 약 2만 6천 명이고 그중에 65세 이상의 고령자가 약 40퍼센트를 차지하고 있다. 작년 11월 심야에 나니와교회 앞에 경찰 순찰차가 멈춰섰다. 10km이상 떨어진 아마가시키시까지 걸어 갔던 신도(75세)가 경찰의 보호를 받으며 호송되어 왔다. 그는 7년 전에 교회에서 신앙생활을 시작한 이후로 69번 이상 집을 나갔다. 서일본의 밀감 농가에서 자란 그는 만국박람회 정비사업이 있는 오사카에 왔다. 전국의 일용직 노동시장을 돌아다니다 다시 돌아온 오사카에서 리어카를 끌다 쓰러져있던 그가 나니와교회 관계자의 도움을 받았다. 지금은 작은 2개의 방이 있는 사랑의 집 복지주택에서 혼자 살고 있다. 결핵이 신경쓰일 때마다 어떻게 할수 없는 심정에 가출을 반복한다. 그래도 교회에는 그를 반갑게 맞이해주는 가족같은 교우들이 있다. 감사의 마음을 표하기 위해 알루미늄 캔을 모아 '헌금'이라며 교회로 갖고온다. 남성은 아침마다 교회에 나와 기도한다. "천국에 가게해주세요."

※ 가마가사키: 오사카 니시나리구에 있으며 '애린지구'라고도 한다. 다다미 3조 정도의 간이 숙소(도야)가 밀집해 있고 고도성장기에는 도쿄 시부야, 요코하마 고토부키쵸와 함께 일용 노동자 촌으로 북새통을 이루었다. 90년대 들어서는 노숙자들이 급증, 최근에는 생활보호를 받고 아파트에서 생활하는 사람들이 늘어 고독사가 문제시 되고 있는 지역이다.

(취재 : 후지오 아키라 기자)

13

나니와교회 창립 20주년의 선물
"하라 가즈오 상의 유산헌금"

하나님께서는 나니와교회 사랑의 집 창립 10주년을 기념하는 해에 교회당과 사랑의 집 센터를 선물로 주셨다. 애굽을 탈출한 이스라엘 백성들이 바로의 군대를 뒤로 하고 홍해를 건넌 것은 이스라엘 민족에겐 꿈만 같은 기적이다. 마찬가지로 21세기를 사는 우리에게 내 땅과 내 건물이 주어져 안심하고 노숙자들을 섬길 수 있게 된 것 역시 홍해가 갈라지는 기적 못지않은 하나님의 놀라운 기적이다. 적어도 우리는 그렇게 믿고 있다.

나니와교회는 2017년에 창립 20주년을 맞았다. 우리는 창립 20주년을 어떻게 맞이해야 할까 기도하며 준비했다. 무엇보다도 20년을 지나 30년을 향해 나가는 새로운 시점에서 나니와교회의 정체성을 다시 한 번 되새기고 창의적인 선교 과제를 정하는 것이 중요했다. 그때, 하나님께서 우리에게 분명한 방향을 제시해준 한 사건이 일어났다. 2016년에 향년 88세로 하늘로 떠난 고(故) 하라

고(故) 하라 가즈오

가즈오(原一男, 1927~2016) 상의 유산 2500만 엔(2억 5천만 원)을 위탁 받은 관리인이 그 돈을 우리 교회에 헌금한 것이다. 유산 관리를 위탁 받은 세토 아키라 상은 하라 상의 유지를 살리고 그가 살아온 삶의 흔적을 간증으로 남겨 놓기 위해 유산 전액을 우리 교회에 바치기로 했다고 전했다.

하라 상은 20대 초반에 사고로 농아 장애를 입어 이후 66년 동안 농아 장애인으로 살았다. 그는 치명적인 장애를 딛고 열심히 일하며 살아왔다. 평생 독신으로 살면서 손톱이 닳도록 일하며 맛있는 음식을 사먹거나 사치도 전혀 하지 않고 재산을 모았다. 그가 평생 모은 피같은 재산 전액이 우리 교회에 기증된 것이다. 하라 상은 죽기 전에 자신의 전 재산을 관리인에게 위탁하면서 다음과 같은 내용의 편지를 남겼다.

"나는 낳아준 어머니도, 아버지도 누군지 모릅니다. 내 자손도이 땅에 남겨놓지 않았습니다. 그야말로 한 순간 밤하늘에 나타났다가 사라져 버리는 유성(流星)과 같은 인생을 살아왔습니다. 평생 고독과 농장애(聾障害)로 고통 받았지만 악인의 길을 걷지 않고 살아 온 것을 하나님께 감사드립니다. 세상 사람들에게는 아무런 도움도 되지 않는 쓰레기 같은 인간으로 보일지 모르지만 내가 이 세상에 태어나 오늘까지 살아온 데에는 분명 하나님의 뜻이 있다고 생각합니다. 무엇인지는 정확히 알 수 없지만 나 역시 하나님께 받은 사명이 있기에 그 사명을 다하기 위해 노력했다고 믿습니다. 내게 이 세상에서 살 수 있는 시간이 얼마나 더 주어질지 알 수 없습니다. 그러나 만일 하나님께서 기회를 주신다면 지금이라도 의미로운 일을 하고 싶은 마음이 있습니다. 나는 지금까지 한 번도 나 자신을 즐겁게 하는 일을 하지 않았습니다. 무엇인지 알 수 없었지만 하나님께서 내게 주신 사명을 추구하며 살려 했습니다."

유산과 관련해 하라상은 다음의 유언을 남겼다.

"내가 평생 손톱이 닳도록 일해 모은 이 돈은 내가 살아온 삶의 간증으로 이 세상에서 (많은 사람이 당연히 누리는) 은혜를 입지 못한 채 살아가는 사람들을 돕는 일을 위해 사용해 주십시오."

그는 이 유언과 함께 전 재산을 고베성애교회 성도인 세토 아키라 상에게 맡겼다. 세토 상은 공인회계사인 타케다 히데히코 상을 통해 하라 상의 유산을 나니와교회 사랑의 집에 헌금했다.

나는 이 고귀한 헌금을 두렵고 떨리는 마음으로 받았다. 하라상의 유언을 다시 한 번 우리 교회가 이 험한 세상 속에서 보통 사람들에겐 당연한 은혜를 누리지 못하고 살아가는 많은 사람들을 위해 더 진지하게 일하라는 하나님의 음성으로 들었다. 우리 교회의 모든 사람들은 이제 대충 살 수 없다. 하라 상의 유지, 아니 그 유지를 통한 하나님의 음성을 받들며 살아야 하는 것이다. 우리는 앞으로 예수님의 마음과 사랑, 자세로 이 사회의 소외된 자들의 친구가 되어 그들을 위로하고 도와주며 삶의 용기와 희망을 주는 일을 해야 한다는 사명을 다시 한 번 다짐했다.

하라 상의 유지대로 낮은 곳을 향해 가자!

노숙자 선교와 목회를 하면서 나와 스태프들은 우리를 힘들게 하는 사람들 때문에 지칠 때가 많다. 때로는 나와 아내는 하나님께 "왜 우리 교회에는 괜찮은 사람은 보내주시지 않고 여러 가지 문제를 안고 있어 돌보기 힘든, 아니 돌보고 싶지 않은 사람들만 보내주십니까?"라고 원망을 하곤 했다.

간혹 마약중독자들이 도움을 청하며 교회로 찾아온다. 마약중독자는 환청, 환각이 심해 주위 사람들을 의심하고 공격하곤 한다. 마약중독자가 한 명이라도 공동체에 들어오면 그 공동체는 쑥대밭이 될 수밖에 없다. 그런데 마약중독자들이 어떤 소문을 들었는지 우리 교회에 찾아오는 것이다. 마약중독으로 교도소를 수 없이 드나들었던 사람이 찾아올 때도 있었다. 나는 마약중독자를 다뤄본 경험이 없어 어떻게 해야 할지 모른다. 내가 할 수 있는 것은 끝까지 포기하지 않고 그들을 사랑하며 예수님 앞으로 인도하는 것이다.

우울증을 겪고 있는 교우도 있다. 10년 전부터 우리 교회에 나오고 있는 38세의 A 상은 우울증으로 자기만의 세계 속에서 사는 사람이다. 그는 여러 번 교회를 떠났다 다시 돌아오곤 했다. 우울증 증상이 약해지면 교회 일에도 열심히 참여해 봉사를 하지만 이내 증상이 도져 통제불가의 상태가 된다. A 상과 같은 우울증이 있는 자들을 다루기란 매우 힘들다. 율법의 잣대로 우울증이 있는 교우들을 판단, 그들을 버리고 싶은 마음이 몇 번이고 든다. 그는 교회를 떠나 방황하더라도 늘 나와 아내에게 편지를 써 자신의 슬픔과 분노, 불평과 원망, 고독과 절망들을 늘어놓는다. 이런 일들이 계속되다보면 우리도 지쳐갈 수밖에 없다. 우울증 교우들을 다루면서 우리 역시 우울해지는 경험을 한다. 그럼에도 우리가 할 수 있는 것은 그래도 인내하고, 격려하고, 위로하고, 기도하는 일밖에 없다. 결국 소망을 둘 대상은 하나님밖에 없다.

50세의 형제 M 상은 우리 교회에 나온 지 10년이 넘는다. 그는 우리 교회 전도 집회에 참석하다 세례를 받고 교인이 되었다. 그는 어려서부터 부모님의 사랑을 제대로 받지 못하고 자랐다. 어린 나이에 부모님이 이혼을 했다. 다른 남자와 재혼을 한 어머니가 M 상을 데리고 들어갔다. 매일 의붓아버지의 눈치를 보아야 했다. 어머니도 아들이 걸리적거려 결국 집에서 내어 쫓았다. 한참 사랑받고 자라야 할 시기에 사랑을 받지 못해서인지 M 상은 늘 자기중심적으로 살았다. 언제든지 조금만 수틀려도 폭언과 폭력을 일

삼았다. 생활이 어려워서 생활보호를 받고 있지만 아직 젊기 때문에 직업을 찾아 일을 해야만 부족한 금액을 나라가 지원하도록 되어 있다. 담당 구청직원은 늘 그를 불러 빨리 직업을 찾아 일을 하라고 다그친다. 그러나 M 상은 적극적으로 직장을 구하지 않았고, 어쩌다 일을 찾아도 3일 이상 일하지 않았다. 그는 일도 하지 않고 담당 공무원의 지도에도 따르지 않아 생활보호가 끊겨 여러 번 거리를 방황하게 되었다. 나는 그가 다시 생활보호를 받도록 도와주었다. 그럼에도 계속 과거와 같은 패턴이 반복되었다. 다시 일을 찾지도, 담당 공무원의 지도에도 따르지 않았다. 사회에 적응하지 못하는 미숙한 장애인이라고 할 수밖에 없다.

나는 담당 공무원에게 M 상의 정신적인 상태에 대해 설명하며 정신과 진단을 받도록 하자고 요청했다. 담당공무원은 내 의견을 받아들여 M 상은 정신과 진료를 받게 되었다. 정신과 의사는 그가 육체적으로는 건강하지만 초조와 긴장, 불안 등 정신적 질병으로 하루에 3시간 이상 일할 수 없다는 진단서를 써줬다. 나는 그를 우리 교회가 운영하는 복지주택회사의 아르바이트 사원으로 채용했다. 그를 다독거려 일하게 함으로써 생활보호를 받으며 살 수 있도록 해줬다.

O 상도 역시 전도 집회에 나왔다가 우리 교회의 도움으로 노숙 생활에서 벗어나 생활보호를 받고 안정된 생활을 할 수 있게 되었다. 그는 8년 전부터 연금만으로 생활하게 되었다. 그는 세례를 받

고 성실하게 신앙생활을 해 집사가 되었다. 그러나 집사가 되었어도 밤마다 술집을 드나들며 돈을 다 탕진, 빚을 지고 집세도 안냈다. 집에 들어왔다 도망가기를 여러 번 했다. 80이 넘은 노인인 그는 집을 나가 술 먹다 돈이 떨어지면 나에게 찾아와 다시 용서해달라고 빌었다. 나는 세 번이나 넘게 그를 용서하고 다시 자기 방에 들어가 살도록 해주었다. 우리 교회에서 식사를 제공하고 전기와 수도, 가스 요금을 비롯해 건강보험료를 대신 납부해주었다. 만일 우리가 그를 받아주지 않고 다시 거리로 내보냈다면 아마도 지금쯤 거리 한 구석에 쓰러졌을 것이다.

"예수님이라면 어떻게 하셨을까?"

이처럼 우리 교회에 나오는 성도들 한 사람 한 사람의 문제와 사정, 방황과 실수, 철없는 행동들을 다 말하자면 이 책에 다 기록할 수 없을 정도다. 나는 매일 아침 마음의 병을 앓고 있는 형제들, 세상의 무거운 짐을 지고 방황하며 살아가는 형제들, 외로움을 달래기 위해 도박, 술, 약물중독에 의존해 살아가는 형제들의 회복을 위해 기도하고 있다. 기도하고 또 기도해도 좀처럼 나아지지 않는 형제들을 바라보며 짜증이 날 때도 있다. 오랜 세월을 인내하며 탕자가 돌아오기를 기다렸던 아버지의 마음은 사라지고 나를 너무 힘들게 하는 그들이 차라리 내 곁을 떠나기를 바랄 때도 많았다. 또한 하루빨리 그들이 회복되어 "나는 예수님을 믿고 이렇게 변화되었습니다"라고 간증하기를 바라는 조급함이 늘 내 마음을 사로잡는다. 그런 마음이 들 때마다 이 생각을 한다.

"예수님이라면 어떻게 하셨을까?"

복음서를 읽으며 예수님의 행적을 살펴보면 정확히 나온다. 그분은 죄인들의 친구로 사셨다. 한없이 기다리며 끝까지 사랑으로 대하셨다. 나는 목회자요, 선교사다. 이 땅을 작은 예수로 살기로 작정한 사람이다. 그리스도의 남은 고난을 내 온 몸에 지고 살 것을 다짐했다. 아무리 어려워도 예수님처럼 살아야 마땅하다. 나는 무익한 종으로 그저 예수님이 분부하신 일들을 감당하며 살아야 할 뿐이다. 어려운 마음이 들 때마다 나는 예수님처럼 살 것을 다짐하며 마음을 새롭게 한다.

지금도 나는 술로 생활비를 탕진해 먹을 것이 없어 돈을 빌리러 오는 형제들을 외면하지 않는다. 그들에게 매달 돈을 빌려주고 있다. 꼭 그 돈을 돌려받겠다는 생각도 없다. 그저 그들의 이 땅에서의 고단한 삶에 조금이나마 위로가 되기를 원할 뿐이다. 그들이 속히 예수 그리스도의 사람들로 변화되기를 위해 간절히 기도하지만 설령 변화되지 않을지라도 나는 그들을 '끝까지' 사랑하고 섬기는 삶을 살기 원한다.

"또 눈은 눈으로, 이는 이로 갚으라 하였다는 것을 너희가 들었으나 나는 너희에게 이르노니 악한 자를 대적하지 말라 누구든지 네 오른편 뺨을 치거든 왼편도 돌려 대며 또 너를 고발하여 속 옷을 가지고자 하는 자에게 겉옷까지도 가지게 하며 또 누구든 지 너로 억지로 오 리를 가게 하거든 그 사람과 십 리를 동행하고 네게 구하는 자에게 주며 네게 꾸고자 하는 자에게 거절하지 말 라."(마 5:38~42)

가난한 자들, 노숙자들과 함께 산다는 것은 그들을 있는 그대로 받아들이며 그 모습 그대로를 사랑한다는 것이다. 사랑해야 진심 으로 받아들이고 함께 살 수 있다. 윤리나 도덕의 잣대로 판단하 고 정죄하면 이 세상에서 받아들일 사람, 사랑할 사람은 아무도 없 게 된다. 오히려 미움만 커져간다. 인간은 본질적으로 악해 타인 을 사랑할 수 없다. 오직 예수 그리스도를 받아들이고, 그 분의 사 랑으로 가득 차 있을 때에만 다른 사람을 사랑할 수 있다. 나의 사 랑이 아니라 내 안에 계신 예수 그리스도의 사랑으로 다른 사람들 을 사랑하게 되는 것이다. 나는 매일 죄인까지 사랑하신 예수님의 마음을 품게 해달라고 기도하고 있다. 노숙자들을 잠시 돕는 것이 아니라 그들과 평생 함께 살기로 작정하게 되니 그들을 받아들이 고, 점점 더 사랑할 수 있게 됐다. 이것이 나에게 찾아온 가장 큰 기적이다.

14

창립 20주년을 넘어
30주년을 향해 가는 나니와교회
사랑의 집에 거는 나의 소망

우리 교회는 2017년에 창립 20주년이 되었다. 이제 20년을 지나 창립 30년을 향해 걸어가고 있다. 앞으로 10년은 우리 교회뿐 아니라 나 개인적으로도 매우 중요한 시기다. 아직 우리 교회는 기초가 완전히 잡혀있지 않고 교회를 짊어지고 나갈 일꾼도 부족하다. 특히 우리를 이어 뛰어가야 할 다음 세대의 일꾼들이 필요하다. 나와 교우들도 더 성숙해져야 한다. 그래야 은혜와 진리가 충만한 교회가 될 수 있다. 나는 교회 창립 30주년이 되는 해에 70세가 된다. 정년퇴임을 해야 할 인생 70이 점점 다가오고 있다. 내게 주어진 10년을 정말 의미 있게 보내고 싶다.

이 책이 그런 나의 다짐의 기록이 되기를 바란다. 나는 이제 창립 30주년을 향해 가는 나니와교회가 다음과 같은 교회가 되기를 위해 기도하고 있다.

나는 목마른 사슴이 시냇물을 찾듯 주님을 사모하는 가난한 마음으로 성령의 충만한 은혜를 구했다. 강단에 엎드려 기도하며 매일 밤을 보냈던 개척 초기의 시절을 지금도 잊을 수 없다. 아무것도 없었지만 주님을 향한 갈망으로 가득했던 때였다. 다시 한 번 그 시절로 돌아가고 싶다. 그때는 정말 간절한 마음으로 엎드려 기도했다. 찬양하고 또 찬양해도 주님을 향한 사랑의 목마름이 채워지지 않았다. 돌이켜보면 참으로 순전한 마음으로 주님의 은혜를 사모하며 간절히 기도했었다. 지금은 그 시절로 돌아가기에는 가진 것이 너무 많고, 몸도 너무 무거워졌다. 가난 속에서 갈급함도, 기적도 나온다. 지금은 모든 것이 갖추어졌으나 기도와 찬양의 열심은 과거보다 식어졌다.

요즘 우리 교회에는 새로운 싹이 돋아나고 있다. 히라노 마키 집사와 우리 딸 김선영 집사가 얼마나 열심히 찬양하고 뜨겁게 기도하는지 내가 부끄러울 정도다. 아내도 순수하고 뜨거운 마음으로 주님을 찬양하고 기도하는 젊은 여 집사들의 모습에 감동과 도전을 받는다고 한다.

나는 우리 교회가 하나님을 향한 열정으로 가득한 교회가 되길 바란다. 양적인 성장도 필요하지만 무엇보다도 성도 한 사람 한 사람이 주님을 체험하고 새로워지기를 소망한다. 오직 성령만이 우리를 새롭게 하고 성도들을 순결한 주님의 일꾼으로 세워주신다. 성령의 강한 임재가 있는 교회, 드나드는 자들이 무언가 세상에서 느낄 수 없는 영적 분위기를 감지하는 교회, 모든 구성원들이 하나님의 능력에 힘입어 세상을 바꿀 수 있는 역동적인 교회…. 우리는 이런 교회를 꿈꾼다. 초대 교회 마가의 다락방에 모인 120 문도들은 한 사람도 빠짐없이 성령의 충만함을 받았다. 너무나 부러운 일이다. 어떻게 그런 일이 일어났을까? 분명 하나님의 은혜를 체험한 사람들로부터 시작된 성령의 불이 참석한 모든 사람들에게 번졌기 때문에 가능했으리라. 나는 나니와교회가 바로 마가의 다락방과 같이 성령의 불이 타오르는 뜨거운 교회가 되기를 바라며 기도하고 있다.

흔히들 성령과 은혜가 충만한 교회는 은사주의적인 측면으로 흘러 감정적이며 자칫 말씀이 약할 수 있다고 지적한다. 그러나 우리의 모본이신 예수 그리스도는 은혜가 충만하신 것과 동시에 말씀과 진리도 충만하신 분이셨다. 예수님을 우리의 롤 모델로 삼아 나갈 때, 이 땅의 교회는 말씀과 은혜가 균형 있게 흘러 치우치지 않는 교회가 될 수 있다.

은혜와 진리가 충만한 교회를 이루기 위해선 먼저 목사인 내가 성령 충만, 은혜 충만의 삶을 살아야 한다. 그러기 위해서는 끊임없이 말씀을 묵상하며 위로부터 주시는 은혜를 사모해야 한다. 그러나 나는 요즘 늘 미안한 마음으로 살고 있다. 우리 교회도 제대로 돌보지 못하는 주제에 나이를 먹다보니 노회장도 되었고 총회를 위해서도 일하게 되었다. 현실적으로 너무 바쁜 삶을 살게 됐다. 그러나 이럴수록 말씀의 자리에 서야 한다는 점을 강하게 인식하고 있다. 노회와 총회를 제대로 섬기기 위해서도 더욱 더 성령과 말씀으로 충만해야 한다. 그러려면 무슨 일이 있더라도 무릎을 꿇고 기도해야 한다. 그 외에 다른 방법은 없다. 모든 지각에 뛰어난 하나님의 위대한 말씀이 내 마음에 가득 찰 수 있기를 기도하고 있다.

나는 요즘 일본의 각 교회를 보면서 안타까운 마음으로 주님 앞에 기도하고 있다. 우리가 속한 재일대한기독교회 소속 교회들은 부흥은커녕 갈수록 신도들이 줄고 경제적으로도 어려워지고 있다. 나는 일본의 각 교회를 살리는데 조금이라도 쓰임 받기를 원한다. 몇 년 전부터 나는 일본 각지를 돌며 부흥회를 인도하고 싶은 마음을 갖게 됐다. 그래서 "하나님, 괜찮으시다면 저를 부흥사로 써주세요"라는 기도를 드렸다. 그러나 시간이 흘러도 아무도 나를 불러주지 않았다. 물론 어디선가 불러준다고 해도 내가 준비되어 있지 않다면 안 될 것이다. 그래서 아무도 부르지 않아도 내 자신을 하나님께 복종시키며 위로부터의 능력을 구했다. 끊임없이 말씀을 묵상했다.

그러다 최근에 일본 각지에서 부족한 나를 부르는 교회가 한 곳 두 곳 늘어가고 있다. 나는 다른 교회에 가서 이 시대의 교회와 성도들이 영적으로 깨어나야 한다고 외치고 있다. 모두가 의기소침해 하고 있는 이 시기에 부흥을 목 놓아 외치고 있다. 이런 일들이 주님의 뜻 가운데에서 이뤄지고 있다고 믿고 있다. 나는 다른 교회에 가서 말씀을 전할 때마다 강한 책임감을 느낀다. 다른 교회에서 부흥을 말하기 위해선 먼저 우리 나니와교회가 부흥해야 한다! 우리는 가지고 있는 것 이상을 나눌 수 없다. 부흥을 이야기 하려면 다른 것이 아니라 우리가 직접 경험한 부흥을 나눠줘야 한다. 마가의 다락방에서 성령의 불이 폭발적으로 전파된 것처럼 우리가 먼저 부흥의 불과 성령의 불로 타오를 때, 그제야 비로소 그 불을 다른 교회로 전파할 수 있을 것이다. 그래서 나와 아내, 모든 나니와교회 식구들은 성령의 임재가 충만한 교회를 소망하며 오늘도 손 모으고 기도하고 있다.

◆ 전도하는 교회

내가 아내와 함께 노동자와 노숙자 중심의 교회를 시작하며 세운 목표는 한 사람 한 사람의 영혼을 구원하는 것이었다. 전도는 우리 교회의 존재 이유다. 우리 교회는 질병과 고독, 슬픔과 근심을 안고 힘겹게 살아가는 가난한 자들에게 복음을 전해 그들 가운데 한 생명이라도 구원받기를 간절히 바라는 마음으로 지금까지 전도 집회를 계속 이어가고 있다.

지금도 전도 집회에 나오는 노숙자 형제자매들이 예수님을 믿어 하나님의 자녀로 거듭나 우리 교회 가족 공동체의 일원이 되기를 바라는 마음으로 기도하며 섬기고 있다. 나는 창립 초기부

터 성도들에 게 수없이 "우 리 교회는 무 엇보다 영혼 을 구원하는 교회가 되어 야 한다"라고

예수님의 복음을 최우선으로 전하는 나니와교회의 성탄 축하 예배 모습

말하며 전도제일주의의 목표와 비전을 각인시켰다. 그 결과, 우리 교회 성도들은 누구나 한 생명이라도 구원하기 위해 전도에 열심을 내고 있다.

　예수님은 가난한 자들에게 생명의 복음을 전하기 위하여 오셨다. 가난한 자들에게 정말 필요한 것은 육신의 떡이 아니라 생명의 떡이다. 육신의 떡은 잠시의 만족은 주지만 영원한 기쁨은 주지 못한다. 그러나 생명의 떡인 말씀은 가난한 자들에게 영원한 생명을 준다. 그 생명 안에서 가난한 사람들은 위로를 받고 소망을 갖게 된다. 사람을 진정으로 변화시키는 것은 육신의 떡이 아니라 생명의 떡인 말씀이다. 말씀이 제대로 들어간 곳 마다 변화되지 않은 경우가 없다. 참으로 말씀이 우리를 살린다. 나는 오랫동안 노숙자 선교를 하면서 수많은 가난한 사람들이 말씀을 통해 인생의 목표를 새롭게 발견해 믿음으로 일어서는 모습을 보았다. 이전에는 자기 몸 하나 건사하기 힘들었던 연약한 사람들에게 말씀이 들어갔을 때, 그들은 더 이상 연약한 사람이 아니라 또 다른

사람들을 살리는 역동적인 주님의 군사가 되는 모습을 너무나 많이 보아왔다. 그래서 나는 자신 있게 말할 수 있다.

"오직 말씀만이 가난한 자, 병든 자, 외로운 자를 살리는 생명이요 능력이다."

우리 교회는 새롭게 교회에 오는 성도들에게 예수님을 더 자세히 소개하고 참된 구원의 길을 제시하기 위해 매년 10주 코스의 새가족성경공부를 진행하고 있다. 또한 성경공부와 전도 집회를 통해 예수님을 인격적으로 믿기로 작정한 자들이 세례를 받고 주의 가족으로 살 수 있도록 일 년에 두 번씩 세례자 교육을 하고 있다. 하나님의 은혜로 우리 교회에서는 매년 예수 믿고 세례를 받는 자들이 늘어가고 있다. 우리 교회가 개척 초기부터 지금까지 줄기차게 지켜온 '전도하는 교회, 주의 제자 삼는 교회'라는 아름다운 전통이 앞으로도 계속 이어지기를 바란다.

◆ 복음 전도와 사회 선교에 힘쓰는 교회

예수님은 복음을 전하시면서 동시에 유대 사회의 바리새주의, 율법주의와 싸우며 하나님의 나라와 의가 이 땅에서도 이뤄지도록 애쓰셨다. 예수님은 사회의 억압받고 차별 받는 자들, 가난한 자들과 눌린 자, 소외된 자, 각종 병든 자, 귀신들린 자들을 사랑하며 섬기셨다.

언제부턴가 한국과 일본의 교회는 소위 보수와 진보, 복음 전도에 힘쓰는 교회와 사회 선교에 헌신하는 교회가 서로 나눠지게 됐다. 서로가 자신들이 서 있는 길이 올바른 길이라며 다른 쪽의 노력을 폄하하며 외면하고 있는 것이 현실이다. 그러나 보수와 진보, 복음 전도와 사회 선교는 나눌 수 없다. 예수님은 막힌 담을 허시기 위해 이 땅에 오셨다. 우리 주님은 화해자 시면서 하나 됨의 상징이시다. 복음 안에서 우리는 하나다! 복음 안에서 사랑과 정의, 보수와 진보가 하나이며 복음 전도와 사회 선교가 서로 모순되거나 나눠지지 않는다는 것이다. 우리는 복음을 전하며 이 땅을 더 좋은 곳으로 변화시키는 일에 헌신할 수 있다.

우리 교회는 지금까지 복음 전도와 사회 선교를 동시에 추구해왔다. 조금이라도 어느 한편에 치우치지 않도록 힘써왔다. 지금도 아내를 비롯해 일부 교우들은 내가 야스쿠니신사 참배 문제, 평화헌법 개정 반대, 위안부 문제, 일본 내 인권차별에 대해 설교하는 것을 부담스럽게 지켜본다. 그런 문제들은 각자의 견해가 다르기에 말하지 말라고 권한다. 물론 모두 나와 교회를 생각하고 하는 말들이다 그러나 나는 설사 일부의 반대가 있고 서로 입장이 다른 사람들이 있더라도 성경과 신앙 양심에 따라 사회 정의와 평화, 인권이 바르게 세워지는 나라를 이루기 위해 끊임없이 예언자적인 설교를 할 것이다. 나는 보수와 진보의 연합을 위해서도 헌신할 것이다. 서로의 장점을 취해야 한다. 그것이 주님 나라를 위해서

보다 효과적이다. 보수적인 교회는 그동안 사회 선교를 위해 헌신한 기독교교회협의회(NCC)의 사회 선교 방향과 목표를 공유해야 한다. 또한 NCC와 진보적인 교회는 선명한 구원의 복음을 전하는 복음주의 교회의 열정과 비전을 배워야 한다. 어느 한편에 치우쳐 한편을 소홀히 하거나 상대방에 대해 무관심 하게 되면 우리는 반쪽짜리 복음만 갖게 되는 것이다. 그것은 그리스도의 몸 된 교회를 둘로 나누고 찢는 것이다.

◆ 지극히 작은 자를 섬기며 나누고 베푸는 교회

나는 성경을 묵상하며 예수님이 병든 자, 가난한 자, 연약한 자, 차별받고 무시당하는 자, 버림받은 자를 사랑하고 섬기며 그들을 살리는 일에 온 힘을 기울이셨다는 것을 확신했다. 예수님의 관심은 바로 이런 소외된 자들에게 있었던 것이다. 예수님은 긍휼과 자비로 고통 속에서 부르짖는 자들의 소리를 듣고 도와주셨다. 죄인과 친구로 교제하며 구원을 위해 그들의 마음의 문을 두드리셨다.

우리 교회는 이상한 교회다. 주차장에 재떨이가 비치돼 있다. 그래서 일부 사람들은 교회에서 담배를 피운다. 그럼 우리는 왜 신성한 교회에서 담배를 피우도록 허락하고 있는 것일까? 물론 우리도 다 생각이 있어서다. 우리가 교회에서 담배 피우는 것을 허락하지 않으면 집회에 참가한 노숙자들이 담배를 피우러 공원이

나 거리, 주민들이 출입하는 마을 안길로 들어가게 된다. 지저분한 옷차림의 홈리스들이 자기 집 앞에서 담배를 피우는 모습을 주민들이 싫어하고 불안해 할 것이 뻔하다. 그러면 부득이 마을 사람들에게 피해를 주게 된다. 마을 사람들로부터 민원이 들어올 것이다. 그것은 우리가 원하는 바가 아니다. 우리는 마을 주민들과 평화롭게 공존하는 교회가 되기를 원했다.

노숙자들이나 가난한 일용직 노동자들이 평생 피워온 담배를 단번에 끊기란 매우 어렵다. 노숙을 하며 폐신문과 각종 박스, 알루미늄 캔을 모아 팔아 500 엔만 가져도 술과 담배를 산다. 우리 교회 성도들은 현재 대부분 노숙에서 벗어나 자신의 집에서 살고 있다. 그러나 그들 중에는 집사가 되어도 담배를 끊지 못하는 자들이 있다. 처음에 나는 담배 피우는 자들을 미워했고 무시했다. 담배도 끊지 못하는 이들이 싫었다. 그러나 시간이 지나면서 모든 것에는 하나님의 때가 있다는 것을 깨달았다. 그들도 언젠가는 주님을 사랑하는 마음으로 담배와 술을 끊을 것이라고 믿고 있다. 그래서 지금은 담배를 피우는 그들의 나쁜 습관도 이해하고 있다. 물론 나는 그들에게 육신의 건강과 영혼의 건강을 위해서 담배를 끊으라고 늘 말하고 있다. 하나님 은혜를 체험하고 담배를 끊는 사람도 늘어가고 있다. 그럼에도 늘 새로운 노숙자들이 오고 있기에 교회는 주차장에 재떨이를 준비해 둔 것이다. 중요한 것은 사랑이다. 내가 사랑의 마음을 갖고 있다면 담배를 피는 여부를 떠나 노숙자들을 편견 없이 사랑할 수 있다. 사랑이 없다면 모든 것은 율법적이 될 수밖에 없다.

우리 교회는 매주 정기적으로 노숙자들을 위한 전도 집회와 무료급식을 하는 외에도 갈 곳 없는 자들, 각종 곤란한 문제를 안고 있는 자들을 돕는 일을 한다. 관서지역의 각 교회들은 자기 교회를 찾아온 노숙자들에게 우리 교회를 소개한다. 우리 교회로 보내어지는 노숙자들은 대부분 모두가 꺼려하는 정신질환을 앓거나 방랑벽이 있는 자들이다. 우리 교회는 그들이 돌고 돌아 마지막으로 찾아오는 곳이다. 그래서 우리는 그들을 무조건적으로 받아들이고 어떻게 해서든지 살려보려고 최선을 다한다. 한 사람을 살리는 것은 결코 쉽지 않다. 인내가 필요하다. 우리가 도와줘 안정된 생활을 하고 있는 자들도 있지만 도와줬지만 결국 다시 집을 나가 방황하는 자들도 있다. 우리는 결과에 대해선 하나님께 맡긴다. 그저 지금 우리에게 주어진 일, 주어진 사람에게 최선을 다하려 한다. 우리 교회 사랑의 집은 도와달라고 찾아온 자들을 거절하지 않고 최선을 다해 도와준다. 약물 중독자도, 마음의 병을 앓는 자도, 야쿠자도 받아주며 함께 살길을 찾아보려 노력한다. 그리고 우리는 일단 사랑의 집의 가족이 된 사람은 절대로 버리지 않는다. 아무리 실수를 하고 우리를 배반해도 용서하고 다시 받아준다. 철저히 예수님의 정신을 실천하려 한다.

앞으로도 우리 교회는 가난한 자, 살길이 막힌 자, 아무도 도와주지 않는 자들이 마지막으로 피할 수 있는 피난처이자 어두운 세상을 밝히는 등대가 되기를 소망한다. 우리 교회와 접촉되는 자들마다 모두 살아나는 역사가 일어나길 바란다.

또한 우리 교회는 노숙자를 섬기는 교회이지만 교회 자체의 역량도 비교적 강한 편이다. 일본 내 평균적인 교회보다 교세 면에서 안정되어 있다. 지금까지 우리 교회는 이름 없이 약한 교회와 교역자들을 돕는 일을 해왔다. 앞으로도 영적·경제적으로 약한 교회를 돕고 베푸는 교회, 일본의 모든 교회와 기쁨과 슬픔을 함께 나누는 교회로 주님께 쓰임받기 원한다.

우리 교회는 총회와 지방회(노회)의 일에도 적극 협력하고자 한다. 지금 시대에 가장 중요한 명제 가운데 하나가 연합이다. 하나님은 우리 모두가 연합할 때 더욱 크게 역사하신다. 지금까지 우리 교회는 지방회와 총회의 모든 사역에 적극 협력했다. 우리 교회가 총회와 지방회에 헌신적으로 협력하고 있는 것은 모든 교회가 그리스도 안에서 한 몸이라는 신학을 실현하기 위해서다. 우리 입장에서는 사랑의 빚을 갚는 것이기도 하다. 우리 교회는 지난 어려운 시절에 총회와 지방회의 각 교회들로부터 도움을 받고 자라왔다. 우리는 사랑의 빚진 자다. 그 은혜를 갚기 위해서라도 총회와 지방회 각 교회와 더불어 사는 교회가 되려한다. 주님이 필요하시다면 언제든지 일본과 세계 선교를 위해 우리가 지닌 모든 것을 내어놓을 마음의 자세를 갖고 있다. 우리는 무익한 종들이다. 이 세상에 내 것은 하나도 없다. 모든 것을 주신 하나님께 우리의 모든 것을 내어 드리는 것은 은혜를 입은 자들로 너무나 당연한 일이다.

◆ 한국의 청년 · 학생들을 주의 일꾼으로 세우는 교회

우리 교회에는 한국의 단기선교팀이 많이 방문한다. 우리가 가장 어려울 때 한국 단기선교팀이 방문해 기도와 전도, 봉사, 헌금을 해줬다. 교회를 방문하는 단기선교팀은 대부분 청년 · 학생들로 구성되어 있다. 한동대 DTS팀, 부산 수영로교회, 포항 기쁨의 교회, 대구 삼덕교회와 충성교회, 대전 영락교회, 김천 황금동교회 등은 여러 번 청년 학생들을 보내 우리 교회를 위해 기도하고 전도 · 봉사 활동을 펼쳤다. 특히 황예레미야 목사는 우리 교회를 자기 교회처럼, 우리 가족들을 자기 가족처럼 아끼고 사랑해줬다. 황 목사는 2000년부터 지금까지 계속 한국의 젊은 교역자들에게 우리 교회를 소개하며 직접 방문토록 했다. 황 목사와 젊은 청년

나니와교회를 방문한 한국의 청년·학생들과 함께

들이 우리 교회에 쏟아준 사랑과 위로를 잊을 수 없다.

우리 교회는 지금 점점 안정되어가고 있다. 여러 사역을 하다 보니 때로는 선교팀을 받는 것이 부담될 때도 있다. 그럼에도 우리는 한국 청년·학생 단기선교팀이 오는 것을 환영한다. 그들 젊은이들이 우리 교회를 경험하며 평생 가난한 자, 노숙자, 소외된 자들을 사랑하고 섬기는 그리스도의 제자로 살기를 바라는 마음에서이다.

또한 우리 교회는 한국 대학생들과 청년들 중에 우리 교회에서 6개월에서 1년간 단기 선교사나 단기 연수를 지원하는 자들을 계속 받아왔다. 처음에는 한동대를 휴학하고 6개월~1년 코스로 우리 교회에 머물며 봉사하는 연수생들이 연이어 왔었다. 그 후 다른 교회에서도 우리 교회에 단기연수생들을 보냈다. 우리 교회를 거쳐 간 학생들이 나의 부족한 인격과 삶으로 인해 상처받고 실망했을 지도 모른다. 그러나 나는 아침 이슬 같은 한국의 청년들이 6개월, 혹은 1년 동안 노숙자들을 섬기는 가운데 주님의 마음을 알아 일평생 겸손히 소외된 이웃과 더불어 사는 자로 변화되기를 진심으로 바랐다. 그런 마음으로 교회가 조금 불편하더라도 연수생들을 지속적으로 받았다. 그것을 우리 교회가 어려웠을 때 한국교회의 청년들과 젊은 목회자들이 부어준 사랑의 빚을 갚기 위한 하나의 기회라고 여겼다. 또한 그럼으로써 우리가 다음 세대들에게 소중한 믿음의 유산들을 전하는 일에도 동참할 수 있다고 생각하며 감사했다.

나니와교회 사랑의 집은 재일 한국인 중심의 교단인 재일대한기독교회에 속한 교회이다. 담임 목사는 한국인이지만 대부분의 성도는 일본인이다. 성도들은 주로 노숙 생활을 하다 나니와교회의 전도 집회와 무료급식을 통해 예수님을 믿고 교인이 되었다. 그들 가운데 많은 수가 세례를 받았다. 우리 교회의 모든 예배는 일본어로 진행된다. 우리 교회에 오는 한국의 단기선교팀원들은 노방전도를 하지 않더라도 많은 일본인들에게 복음을 전할 수 있다. 교회와 전도 집회, 무료급식을 통해 자연적으로 일본인들을 접할 수 있기 때문이다. 단기선교팀으로 온 한국의 청년·학생들이 돌아갈 때 이구동성으로 "일본인 노숙자와 가난한 이들을 섬기러 왔는데 오히려 섬김을 받았다"고 말한다. 도움의 대상으로밖에 생각하지 않았던 노숙인들이 봉사하는 모습, 진심으로 이웃을 섬기는 우리 교회 교인들의 모습 등을 통해서 청년·학생들은 진정한 그리스도인의 삶에 대해 배웠다고 한다. 우리 교회 성도들 역시 헌신적으로 봉사하는 한국의 젊은 크리스천들로부터 많은 것을 배웠다. 우리 교회 성도들은 한국 청년들을 진심으로 아끼고 사랑한다.

또 한가지, 한국의 청년·학생들은 우리 교회에서의 단기선교 사역을 통해 일본인에 대한 그동안의 고정관념을 바꾸게 됐다고 토로한다. 대부분의 한국 사람에게는 일본과 일본인에 대한 적개

심이 있다. 우리 교회에 단기선교로 오는 청년·학생들 역시 일본인에 대한 나쁜 인상을 갖고 있다. 그러나 짧은 기간이지만 한국의 청년들은 우리 교회에 머물며 일본 성도들과 교제하는 과정에서 과거 역사 문제와는 별개로 일본인들 가운데 선한 분들이 많이 있다는 사실을 깨닫는다. 그러면서 예수 그리스도 안에서 일본인들을 있는 모습 그대로 받아들이며, 더 나아가 그들을 사랑하고 일본 선교에 대한 꿈을 안고 돌아간다.

우리 교회를 돕는 후원자들 중에는 일본인들이 많이 있다. 일본 교회는 한국인 목사가 주축이 된 나니와교회와 사랑의 집을 왜 돕는 것일까? 대부분의 일본 교회 후원자들은 자기들도 할 수 없는 노숙자들을 이방인인 한국인 목사와 한국 교회가 돕고 있다는 사실에 감동 받아 후원하게 되었다고 말한다. 내가 일본에서 경험한 사실은 일본인들 가운데 진실로 선한 분들, 참된 크리스천들이 많이 계시다는 것이다. 오랫동안 우리 교회 사역에 관심을 갖고 우리 가족을 친 가족처럼 아껴주는 일본 목사님들을 생각할 때마다 눈시울이 뜨거워진다. 그러면서 우리 교회를 통해서 한국과 일본 사이의 두꺼운 벽이 무너지고 있음을 깨닫게 된다. 우리를 통해서도 한국인과 일본인이 주 안에서 하나가 되는 것을 느끼며 우리를 일본으로 보내신 아버지 하나님께 찬양과 영광을 올려드린다.

나는 내가 속한 재일대한기독교회 관서지방회에서 지방회장 4년, 부회장 4년 합해서 8년 동안 임원으로 교단을 섬겨왔다. 그러면서 일본기독교단 오사카 교구, 일본 그리스도교회 긴키중회, 오사카 기독교연합회 등의 일본 교회와 단체들과 교제하며 함께 일했다. 일본은 현재 우익화가 심해 배타주의적 정책 속에서 외국인을 차별하고 역사를 왜곡하고 있다. 그러나 일본의 기독교는 일본 정부 우익 단체와는 달리 재일 한국인을 비롯한 외국인의 인권과 정의, 평화를 주창하며 일하고 있다. 나는 늘 일본이 정의롭고 평화로운 나라, 마이너리티를 존중하는 나라로 바로 설 수 있기를 위해 기도해왔다. 이 일을 위해 한국과 일본 교회의 연합을 도모하며 일해 왔다.

우리 교회는 앞으로도 민족의 벽을 넘어 한국과 일본을 이어주는 가교(架橋)가 될 것이다. 나는 이 가교라는 말을 좋아한다. 가교는 '걸치는 다리'라는 뜻이다. 우리 주 예수 그리스도께서 스스로를 낮추시며 세상과 하늘의 가교가 되셨다. 자기를 드리시면서 죄에 빠진 인간과 하늘 하나님과의 관계를 다시 잇게 하셨다. 우리 역시 겸손한 자세로 우리를 드리며 한국과 일본의 아름다운 관계를 다시 잇게 할 수 있는 가교가 되기를 소망한다. 오사카의 나니와교회는 한국인과 일본인들이 주 예수 그리스도의 이름 아래 함께 모이는 장소다. 그곳에서 흐르는 생명수를 통해 한일간의 두꺼운 반목과 불신의 벽이 무너지기를 소망하며 선포한다. 오직 주님의 사랑 안에서 한국과 일본이 하나가 되어 손에 손 잡고 세계 선교를 위해 길을 떠날 수 있기를 간절히 기도한다.

15

알루미늄 캔 헌금

우리 교회는 그동안 경제적으로 어려운 고비를 몇 번이나 넘기며 노숙자들에게 밥을 나눠주는 사역을 오늘까지 계속해왔다. 우리 교회가 성장하고 노숙자들에게 더욱 맛있고 영양 있는 식사를 제공하기 위해서는 먼저 우리 교회가 풍성한 복을 누리는 교회가 되어야 한다. 우리가 허덕이면서 지속적으로, 기쁨으로 나눔의 사역을 할 수 없다. 먼저 우리가 복되고 기쁠 때에라야 우리 안에서 흘러나오는 기쁨을 전할 수 있다. 나는 우리 교회의 예배에 참석하는 노숙자들을 교회를 함께 짊어지고 나가는 가족으로 여긴다. 그래서 우리는 교회의 기쁨과 슬픔, 아픔을 교회에 나오는 모든 형제자매들과 나누고 있다.

'알루미늄 캔 헌금'도 나니와교회 성도들이 '하나님의 가족 공동체'로서 모든 것을 함께 나눈다는 차원에서 시작된 것이다. 우리 교회가 맨주먹으로 교회 건축을 꿈꿀 때, 아무 힘이 없는 노숙인 형제자매들도 건축에 동참할 수 있도록 마음을 모으면서 자연스레 알루미늄 캔 헌금을 시작했다. 나니와교회 사랑의 집은 하나님의 집이며 노숙자들을 위한 쉼터다. 우리가 건축의 꿈을 꾸게 된 것도 노숙인 형제자매들에게 좀 더 편안한 쉼터와 예배 공간을 제공하기 위해서였다. 나는 노숙인 형제자매들에게 늘 이렇게 말한다.

"우리 나니와교회는 여러분의 교회입니다. 여러분은 우리 교회를 함께 세워가는 가족입니다. 여러분들은 손님이 아니라 주인입니다. 어느 한 사람도 낙오되는 일 없이 함께 꿈을 꾸며 목표를 이루기 위해 한마음으로 기도합시다."

가장 이상적인 노숙자 선교는 노숙자들과 함께 세워가는 교회를 이루는 것이다. 즉, 노숙자가 그저 도움만 받고 돌아가는 단순한 구경꾼이 아니라 온전한 성도, 충직한 일꾼이 되어 함께 세워가는 교회를 이루는 것이다.

"누구도 낙오되지 않고 우리 모두 함께 나니와교회 사랑의 집 센터를 건축하자"고 비전을 선포하자 노숙인 형제들이 열심히 알루미늄 캔을 모아 가져오기 시작했다. 집회 때마다 알루미늄 캔은 산처럼 쌓였다. 어떤 사람은 평일에도 헌금과 함께 45리터 비닐봉투 가득 알루미늄 캔을 가져오기도 했다. 시간이 지나자 마을 사람들도 몰래 알루미늄 캔을 교회와 사택 앞에 놓고 갔다.

"범사에 너희에게 모본을 보였노니 곧 이같이 수고하여 약한 사람들을 돕고 또 주 예수의 친히 말씀하신바 주는 것이 받는 것보다 복이 있다 하심을 기억하여야 할찌니라."(행 20:35)

성경은 "주는 것이 받는 것보다 복이 있다"고 말한다. 나는 인생을 통해 이 말씀이 진리임을 체험했다. 비록 돈은 없을지라도 몸을 움직여 알루미늄 캔 하나라도 모아 하나님께 드리다보면 그만큼 주님과 교회를 사랑하는 마음이 커지게 된다. 물질이 있는 곳에 마음도 있는 법이다. 노숙자 형제자매들은 자신들도 교회를 위해 봉사하며 건축에 벽돌 한 장이라도 쌓을 수 있게 됐다며 기뻐했다. 노숙자들이 알루미늄 캔 헌금을 드리는 모습을 보고 그때까지 예수를 믿지 않았던 우리 교회 봉사자 이토 후사코 상은 살고 있는 지역을 중심으로 알루미늄 캔과 신문, 보루박스 수집 운동을 펼치기 시작했다. 두 달에 한 번, 우리 교회 스태프가 가서 모아놓은 알루미늄 캔과 종이를 팔면 보통 1만 엔 정도 나온다. '티끌 모아 태산'이라고 여러 명이 힘을 합치니 결코 무시할 수 없는 금액이 되어 재정에 유용하게 사용할 수 있었다.

몇 년 동안 알루미늄 캔 헌금을 지속하자 소문이 나서 우리 교회 교인들이 살고 있는 마을 이웃들이 교인들 집 앞에 알루미늄 캔을 몰래 놓고 가는 경우도 많아졌다. 우리 교회에도 인근 주민들이 알루미늄 캔과 종이, 박스 등을 모아 가져온다. 마을 주민들이 왜 그런 일을 할까? 아마도 눈치가 보여 교회에는 나올 수 없지만 노숙자들을 돕는 일에 조금이라도 도움이 되고자 하는 마음이 있었기 때문일 것이다. 나는 그들 역시 넓은 의미로 우리 교회 교인들이라고 생각한다. 언젠가는 예배당 문을 열고 들어올 미래의 교인 말이다.

가끔은 나를 찾아와 "노숙생활을 하는 동안 배고픈 때마다 사랑의 집에서 맛있는 밥을 먹고 기력을 찾아 생명을 유지할 수 있었습니다"라고 고마움을 표시하며 1000엔, 혹은 2000엔을 헌금하는 형제자매들도 있다. 그들을 보며 나는 새삼 감동과 함께 보람을 느낀다.

나도 월요일마다 그동안 모은 알루미늄 캔을 교회에 가져온다. 힘든 노숙생활을 하면서도 알루미늄 캔을 모아서 하나님께 드리는 노숙인 형제자매들의 헌신에 감동받아 나 역시 매주 쓰레기 수집 날이면 어김없이 동네를 돌며 알루미늄 캔을 모아 하나님께 드린다.

정말 보잘 것 없는 알루미늄 캔은 우리 교회로서는 '오병이어'와 같았다. 우리 교회가 맨주먹과 다름없는 상태에서 시작해 교회 건축이라는 대역사를 완수하게 된 것은 노숙 형제자매들이 알루미늄 캔을 오병이어로 드렸기 때문이라고 생각한다. 사실 알루미늄 캔 하나의 가치는 1 엔밖에 되지 않아 1kg을 모아도 100 엔에 불과하다. 아무리 많이 모아도 큰 돈은 되지 않는다. 그러나 노숙 형제자매들이 밤을 새워 모아온 알루미늄 캔 속에는 저들의 기도와 정성이 담겨져 있다. 그들이 알루미늄 캔을 오병이어로 드렸을 때, 역사가 일어났다. 그들의 헌신을 보면서 수많은 후원자들이 우리 교회 건축을 자신의 일로 생각하며 관심과 기도, 지원을 해줬다. 2000여 년 전 이스라엘의 한 들판에서 오병이어가 드려졌을 때, 남자만 5천 명, 여자와 어린이를 포함해 1만 5천 명에서 2만 명을 먹이는 기적이 일어났다. 물론 그 기적은 오병이어를 드린 소년의 정성을 보고 감동하신 예수께서 이뤄주셨다. 노숙형제들이 드린 알루미늄 캔 헌금은 오병이어처럼 보잘 것 없었지만 하나님은 그들의 정성을 보시고 적은 금액이지만 교회 건축이라는 놀라운 기적으로 응답해 주셨던 것이다.

나는 예배 때마다 헌금 기도 시간에 반드시 일반 헌금과 함께 알루미늄 캔 헌금을 드린 자들을 기억하며 감사의 기도를 드린다. 과부의 엽전 두 닢을 부자의 많은 헌금보다 기뻐하신 하나님의 마음을 생각하며 '깡통 헌금'을 드린 자들을 위해서 마음 다해 기도한다.

우리는 노숙자들과 진심을 나누며 소통하기를 원한다. 가난하고 마음에 상처가 있는 그들에게 수없이 진심을 보여야 결국 진심이 돌아온다. 우리 교회는 매주 3번 노숙자들에게 맛있는 식사를 제공한다. 노숙자들은 식사를 하면 꼭 "감사하다"고 말한다, 그러면서 자기들도 우리에게 뭐라도 해주고 싶어 한다. 분명, 주는 것이 받는 것 보다 복되다. 우리는 일방적으로 노숙자들에게 주고만 있다고 생각하지 않는다. 그들로부터 감사를 받고 있다. 서로 주고받고 있는 것이다. 내가 나니와교회를 생각하며 늘 감동, 감사하는 것은 우리 교회가 노숙자들의 사랑을 받고, 노숙자들과 함께 세워진, 그리고 앞으로도 함께 걸어 나갈 교회이기 때문이다. 이점에 대해 진심으로 우리 주 하나님께 감사드린다.

나니와교회는 모두와 함께 걸어갈 교회다. 벚꽃 놀이를 하며 즐거워하는 나니와교회 성도들

4
노숙에서
천국까지

노숙자 선교를 하면서 나는 늘 "어떻게 하면 노숙자들이 노숙에서 벗어날 수 있을까? 노숙자들의 노숙 이후의 삶을 어떻게 인도해야할까?"를 염두에 뒀다. 노숙자를 대상으로 사역하더라도 '책임 있는 노숙자 선교'를 해야 한다고 늘 생각했다. 나는 '요람에서 무덤까지'라는 말을 패러디해 '노숙에서 천국까지' 노숙자들의 길동무가 되어 줄 수 있는 노숙자 선교를 펼쳐야 한다고 주장해왔다.

◆

나와 우리 교회는 할 일이 많다. 주님의 이름으로, 주님의 마음으로, 주님의 시선이 머무는 이 땅의 작은 자들을 위해 우리는 오늘도 달려가고 있다. '노숙에서 천국까지' 돌보기 위한 우리의 발걸음은 결코 멈출 수 없다. 이것이 나의 간증이며, 이것이 나의 찬송이다.

16

가난한 이웃과 더불어 함께
살아가는 행복

나는 불쌍한 사람을 보면 금방 마음이 동해 도와주려한다. 깊게 생각하지 않고 행동으로 바로 옮긴다. 불쌍한 사람을 보면 금방 우리 집으로 데려와 함께 사는, 어떻게 보면 나 혼자서 결코 쉽게 결정할 수 없는 일을 간단하게 저지른다. 그러다 뒷감당을 하지 못해 후회할 때도 적지 않다. 사랑하고 섬기려 데려온 사람과 살다보면 서로 미워하고 싸우는 경우가 생긴다. 그럼에도 나는 힘들게 사는 사람만 보면 또 다시 도움의 손을 내밀곤 한다.

생각해보니 목사가 된 이후, 나는 우리 집에 늘 누군가를 데려와 함께 살아왔다. 평택 노와리 양천교회에서 사역할 때에도 시집 갔다 정신 이상으로 친정에 쫓겨 돌아온 한 자매를 우리 집에 데려와 함께 살았다. 그 자매가 시집에서 쫓겨나 친정에 돌아온 후, 평안한 가정에 풍파가 끊어지지 않았다. 자매가 고래고래 소리 지르고 가족들과 싸우기에 젊은 집사 부부와 자녀들, 친정 어머니가 도저히 함께 살 수 없다며 우리 부부에게 울며불며 호소했다. 너무나 딱한 사정이기에 우리 집에 데려와 함께 살게 되었다. 나는 하나님께 기도하고 사랑으로 섬기면 하나님께서 고쳐주실 것이라고 믿었다. 병이 치료되면 그 자매가 새로 가정을 이룰 수 있다는 소망을 안고 함께 살기로 했다. 그러나 자매를 돌보는 일은 너무나 힘들고 위험했다. 지금도 그때를 생각하면 하나님께서 지켜주셨기에 무사히 넘길 수 있었던 위기의 순간들이 적지 않았다. 자매는 분노가 치밀어 오르면 무엇이든지 던지는 버릇을 지니고 있었다. 그때 우리 아들은 5살, 딸은 갓난아기였다. 그 자매가 한번은 요강을 갓난아기인 딸에게 던지기도 했다. 큰일 날 뻔한 순간들이 많았으나 하나님이 지켜주셨다. 우리와 함께 살면서 자매는 상태가 많이 좋아졌다. 이후 정상으로 돌아와 재혼해 새 가정을 이루게 되었다.

송탄에서 개척했을 때에도 한 전도사님이 찾아왔다. 우리는 잠자리도, 먹을 것도 없다는 그 전도사님의 딱한 사정을 듣고 교회에서 숙식을 제공하며 함께 살았다. 그때도 마음고생이 무척 심했다. '다시는 남의 식구와 함께 살지 않겠다'고 생각했지만 시간이 지나 또 어려운 사람을 집으로 데려오는 패턴은 반복됐다.

한번은 사업하던 우리 교회 집사님 부부가 부도로 야반도주하며 자녀들을 우리 집에 맡겼다 . 우리는 갑자기 건사해야 할 자녀가 두 배로 늘었다. 나는 남의 자녀를 돌보며 나의 사랑 없음을 절실히 깨달았다. 부모와 헤어져 사는 아이들에게 아무리 잘해주려 해도 역시 내 자녀를 감싸고도는 것은 어쩔 수가 없었나보다. 집사님의 아이들은 부모님과 할머니, 할아버지에게 우리와 함께 살면서 서운한 점들을 써서 전했다. 내가 우리 아이들만 편애하며 자기들을 차별했다고도 말했다. 그러나 우리는 일본에 가기 전까지 맡겨진 아이들을 최선을 다해 돌봐주었다. 시간이 지나면서 아이들과 부모님들은 우리의 진심을 알고 너무나 감사해 했다. 훗날, 우리가 잠시 돌봤던 두 아이는 신실한 크리스천이 되어 찬양 인도자로 사역하고 있다는 연락을 받았다.

지극히 작은 자에게 하나님의 마음으로

우리 부부는 일본에서 개척 교회를 시작하기 전, 중풍으로 쓰러진 한국인 노동자 김형진 형제를 데려와 함께 살았다. 그 형제와 함께 살면서 한국인 노동자 중에 어려운 형편에 있는 사람들을 한 두 명 더 데려와 공동생활을 하게 되었다. 교회를 사쿠라가와로 옮긴 후에는 5~6명의 형제들과 함께 살게 되었다. 우리 방이 좁고 가족만의 공간을 지키기 위해 형제들은 교회에서 생활하도록 했다. 나는 난생 처음, 거칠고 술 중독에 걸린 한국인 노동자들과 함께 살면서 '인간이 얼마나 악할 수 있는가'를 체험했다. 그들은 술에 취해 싸울 때면 망치를 던지며 입에 담을 수 없는 욕을 거침없이 쏟아냈다. 교회에서 형사 사건이 일어나면 마을 사람들에게 나쁜 소문이 날까 봐서 우리는 교회에서 멀리 떨어진 곳에 집을 한 채 빌려서 '사랑의 집'이란 이름의 공동 숙소를 운영했다. 교회를 떠나 그들만의 공간을 만들어 주었더니 이제는 술 취해 싸우는 일이 더욱 빈번히 일어났다. 죽을 지경에서 건져주었는데도 그들은 평소의 습관대로 술 마시고, 서로 미워하고, 싸우고, 노름하는 일을 계속했던 것이다. 심지어 나를 향해서도 심하게 욕하며 폭력을 휘두르기도 했다. 그럼에도 나는 그들을 믿음의 길로 인도하려 기도하며 인내했다. 그러나 그 형제들은 아무리 권해도 신앙에는 관심이 없었다. 나는 그때 나의 한계를 깨달았다. 버림받고, 상처받고, 인생의 밑바닥에서 살아가는 한국인 노동자들을 있는 모습 그대로 용납하고, 이해하며, 사랑하는 마음이 나에게 너무나 부족했다. 그렇지만 그들을 돌보지 않으면 살인 사건이라도 일어날 것 같은 불안한 마음에 매일 밤을 그들과 함께 보낸 뒤 새벽기도 시간에 교회로 돌아오곤 했다. 새벽에 교회로 돌아와선 밤새 그들에게 당한 것을 아내에게 털어놓았다. 그들이 나에게 퍼부은 거친 말, 무례하고 악한 행동들을 그대로 전했다. 마음에 쌓인 분노와 미움, 상한 감정을 털어 놓았다. 그러면 아내가 엉엉 울었다. 나도 울면서 억울하고 답답한 마음을 위로해 달라고 주님께 기도했다. 거친 그들과 살면서 나는 분명한 하나님의 음성을 들었다.

"나의 사랑하는 종 종현아, 나는 저들의 모습 그대로를 사랑한단다. 기억하거라. 지극히 작은 자에게 한 것이 바로 나에게 한 것이란다."

하나님은 악한 자, 형편없이 흐트러진 삶을 살아가는 자, 막가는 인생을 사는 자들을 그 모습 그대로 사랑하신다는 것이었다. 그들에게 한 모든 행동들이 바로 하나님께 한 것이란다. 물론 그 내용은 말씀을 통해 수없이 보아왔지만 진정으로 내 육신과 마음에 체화되지 않았다. 그러나 분명한 하나님의 음성으로 듣고서 나는 나의 옹졸함과 사랑 없음을 통렬하게 깨닫고 회개했다. 기도할 수밖에 없었다.

"하나님, 저로서는 도저히 저들을 사랑할 수 없습니다. 사랑의 마음을 저에게 주십시오. 제 의지로 할 수 있는 일이 아닙니다. 오직 주님이 부어주셔야만 가능합니다. 사랑의 마음을 주시옵소서."

생각해보니 개척 초기 한국인 노동자들 뿐 아니라 다른 한국인 성도들을 섬기면서도 마음이 괴롭고 힘들며 아팠던 순간들이 많았다. 나는 그 모든 것들이 상대편의 미성숙함 때문에 일어나는 것이라고 생각했다. 그러나 하나님의 음성을 듣고 난 이후에는 그 모든 것이 나의 부족함, 나의 사랑 없음 때문이라는 것을 깨달았다. 진정한 사랑의 마음이 없는 가운데 '목사는 당연히 사람들을 사랑을 해야 한다'는 자기 의만 가득했기에 나는 진심으로 어려운 이웃들을 품지 못했다.

개척 초기 한국인 노동자들과 함께 살았던 3년은 나에게는 가장 힘들었던 훈련의 기간이었고 견디기 힘든 고난의 터널이었다. 그러나 그 시련의 기간을 통과하면서 나는 어떤 경우에도 하나님이 붙여주신 사람을 포기하지 않고 끝까지 사랑하는 예수님의 마음을 배우게 되었다. 결과적으로 그 시간들은 하나님이 나를 진정한 목자로 세우기 위해 훈련시키신 광야의 순간들이었다.

우리 교회가 일본인 중심 교회가 된 이후에도 나는 어려움에 처한 사람을 집중적으로 돕는 일을 계속했다. 무료급식과 전도 집회를 돕는 일꾼이 부족해 홈리스 가운데 봉사자들을 모집해야 했다. 나는 봉사자들이 교회에서 봉사한 후에 다시 거리로 돌아가야 하는 뒷모습이 안쓰러워서 교회에서 숙식을 제공해 함께 생활하도록 했다.

다케모토 상 이야기

우리 교회가 기타츠모리 마을로 이사한 후 얼마 되지 않았을 때 마을을 돌다 경중의 지적 장애가 있는 다케모토 나오유키 상(당시 58세)을 만나게 되었다. 그는 생활비가 없어서 밥을 제대로 먹지 못하고 있었다. 다케모토 상은 다 쓰러져 가는 헌집에 살고 있었다. 방에 들어가 보니 온방이 쓰레기로 가득해 앉을 자리가 없었다. 그는 나를 만나자마자 "쌀이 떨어졌다"며 도와달라고 애원했다. 나는 이후 몇 년 동안 계속해서 쌀과 반찬, 각종 먹을 것을 가져다줬다. 나이가 들면서 그는 몸이 점점 더 쇠약해져서 전혀 일을 하지 못하게 되었다. 당연히 돈이 없어 더욱 살기 어렵게 되었다. 나는 그를 구청에 데려가 생활보호를 받도록 도와주었다. 당시에는 65세 이하 되는 사람은 생활보호를 받기 어려웠다. 그러나 병이 있으면 65세 이하도 생활보호를 받을 수 있었다. 구청 상담원은 그의 건강이 매우 좋지 않다는 말에 구청 지정병원에 보낼 진단 의뢰서를 써줬다. 의사는 진찰 결과, 다케모토 상이 고혈압으로 더 이상 일할 수 없다는 진단서를 써줬다. 사실 고혈압은 수많은 사람들이 겪는 질병으로 아무리 혈압이 높아도 일할 수 없다고 써주는 경우는 거의 없다. 아무튼 그는 일할 수 없다는 진단으로 생활보호를 받게 되었다. 이로써 먹고사는 문제가 해결된 다케모토 상은 깨끗하게 수리된 우리 교회 복지주택에 살고 교회 가족이 되었다. 교회에 다니면서 그의 얼굴 표정이 확연히 밝아졌고 건강도 되찾았다. 그는 교회에 나온 후, 그동안 간직했던 우상 단지를 나에게 맡겼다. 나는 즉시 그 우상단지를 불로 태워버렸다.

이시이 상 이야기

어느 날, 공원을 돌다가 텐트를 치고 개 두 마리와 함께 살고 있는 이시이 상을 만나게 되었다. 그도 역시 별다른 수입이 없어 곤란한데도 개 두 마리를 먹여 살려야 하기에 자신은 먹을 것이 없어서 굶기 일쑤였다. 나는 그를 만난 그날부터 매일 먹을 것을 갖다 주며 안부를 물었다. 그러다 나는 그에게 생활보호 받을 것을 제안했다. 그는 받기를 원했지만 개 두 마리를 데리고 들어가 살 수 있는 집은 없었다. 나는 그에게 개를 공원 관리사무소에 맡기라고 했지만 그는 공원 관리사무소에 맡기면 필경 살처분 되기에 그럴 수 없다고 했다. 나는 그에게 우리 교회 복지주택에 개를 데리고 들어와 살아도 좋다고 허락했다. 그는 생활보호를 받게 되었고 두 마리의 개와 함께 우리 교회 복지주택에서 살게 되자 너무나 좋아했다. 20년 만에 지붕이 있는 자신의 방에서 살게 되었다며 감격해 했다. 노숙자들에겐 자기 방에서 마음대로 전깃불을 키고 TV도 마음껏 볼 수 있는 것들이 모두 감사의 제목이었다. 이시이 상은 이후 예수를 믿고 세례까지 받았다. 세례 받을 때, "이제 저는 새 사람이 되어 주님의 자녀로 살겠습니다"라고 고백하며 기뻐했다. 우리 모두 이시이 상의 영적 새 출발을 마음으로 기뻐했다. 그러나 그 기쁨이 채 가시기도 전에 그는 몸에 이상이 생겨 병원에 가보니 간암이었다. 다행히 수술이 잘되어 집으로 돌아왔지만 이번엔 췌장암이 발견되었다. 그는 췌장암으로 투병하다가 2016년 12월 말 하나님 품에 안겼다. 이시이 상이 이 땅을 떠나 천국에 갔을 때, 나는 많이 울었다. 그와 헤어져 슬퍼 울었고, 그가 주님을 믿어 영생 얻은 것이 기뻐 울었다.

이에자토 상 이야기

니시나리 공원에서 무료급식을 시작할 때부터 알고 지낸 홈리스 이에자토 형제는 지금까지도 고속도로 다리 밑에서 살고 있다. 낮에는 짐수레를 끌고 이곳저곳을 다니다가 저녁이 되면 고속도로 밑으로 돌아와 잠을 잔다. 고속도로 밑은 비가 내려도 걱정이 없고 공개된 장소라서 안전하기 때문이다. 나는 그가 돈벌이를 전혀 하지 못하는 것을 알고 오래 전부터 밥과 빵 등 먹거리를 갖다 주고 있다. 그에겐 환청과 환각 증세가 있어 갑자기 큰소리를 지르며 혼잣말로 누군가와 싸우곤 한다. 그런 딱한 상황의 형제이지만 내가 보기엔 누구보다도 성실하게 살고 있다. 나는 인간적으로 그를 매우 좋아한다. 하루라도 깜박 잊고 먹을 것을 챙겨주지 못한 날은 자다가도 벌떡 일어나 뭔가 갖다 주지 않으면 맘이 불편해서 잠을 이룰 수 없었다. 아무것도 먹지 않고 배가 고픈 채 자고 있을 그를 생각하면 마음이 괴로웠다. 그는 고집이 세서 남이 주는 옷을 잘 입지 않는다. 옷이 찢어져 속살이 다 보여도 그 더럽고 낡은 옷을 계속 입고 온 동네를 누비며 다닌다. 나는 마음이 아파 그에게 옷가지를 챙겨주며 갈아입으라고 권했다. 그는 내 이야기는 못이기는 척하고 듣는다. 그가 깔끔하게 보여야 내 마음이 편하다.

한번은 며칠이 지나도 그가 보이지 않았다. 무거운 짐수레를 끌고 다니는 그가 마음 편히 잘 수 있는 곳이라고는 우리 동네 고속도로 밑인데 거기서 아무리 기다려도 돌아오지 않았다. '어디에서 사고를 당하지는 않았을까. 혹 병들어 길에서 쓰러진 것은 아닐까.' 이런저런 생각에 마음이 괴로워 견딜 수 없었다. 그러다 니시나리 구청 옆에서 그를 만났다. 사정을 알아보니 짐수레 바퀴의 고

무가 너무 닳아서 굴러가지 않아 돌아갈 수 없었다는 것이다. 나는 급히 부목사에게 차를 가져오도록 전화해 짐을 모두 차에 싣고 잠자리로 옮겨주었다. 또 우리가 가지고 있던 짐수레를 주었다.

그러던 어느 날, 낮이면 짐수레를 밀고 동네를 돌아다니던 그가 아무데도 가지 않고 계속 한자리에 머물러 있었다. "왜 며칠 동안 아무데도 가지 않느냐"고 묻자 그는 또 다시 짐수레 바퀴의 고무가 닳아서 아무데도 갈수가 없다고 말했다. 나는 이번에는 새 짐수레를 사줬다. 그러자 그는 신이 나서 새 짐수레를 몰고 이곳저곳을 돌아다녔다. 그가 기뻐하는 모습을 보니 마치 육신의 혈육에게 좋은 일이 일어난 것처럼 나도 기뻤다.

그동안 마을에 함께 사는 가난한 사람들을 돌아보는 나의 삶을 보고 이제는 아내와 교회 성도들도 내 대신 그들에게 밥이며 필요한 것을 날라다 주는 일을 서로 앞 다퉈 하려 한다. 나는 한 사람만 집중적으로 몇 년을 돌보는 편인데 아내는 이에자토 상의 옆에 머무는 다른 홈리스 형제들에게도 매일 먹을 것을 갖다 준다. 겨울에는 커피포트에 뜨거운 물을 넣어서 컵라면을 주기도 한다. 때로는 따뜻한 국과 카레를 만들어 갖다 준다. 16년이라는 오랜 세월을 함께 살며 어느덧 나는 이에자토 상의 친구가 되었다. 친구는 서로에게 도움을 준다. 환경을 뛰어넘어 늘 큰 목소리로 건강한 웃음을 짓는 이에자토 상의 얼굴을 보면서 나는 힘을 얻는다.

'아무리 부자라도 삼대를 잇지 못한다'는 옛말이 있다. 그런데 경주 최 부잣집은 12대를 내려오며 부를 누리고 있다고 한다. 그

비결이 어디 있을까? 최 부잣집은 가문 대대로 '육연(六然)'과 '육훈(六訓)'을 물려가며 가르치며 지키고 있다 한다. 수신(修身)의 도리를 밝힌 '육훈' 중 하나가 '주변 100리 안에 굶어 죽는 사람이 없게 하라'는 것이다.

최 부잣집은 가난한 이웃에게 베풀고 나누는 것이 진정한 부자들이 해야 할 사명이라는 사실을 자손 대대로 가르치고 지키며 살고 있다. 기업 경영의 건강한 원칙 가운데 하나가 부의 사회 환원이다. 돈과 재산을 잘 관리하는 비결은 과감한 나눔에 있다. 가난한 자들을 돕고 그들과 함께 살라고 하나님이 부귀를 안겨주었다는 청지기 정신으로 살 때, 그 부귀를 대대로 잘 지킬 수 있다.

하나님이 우리에게 건강을 주신 것도 약한 사람을 돕고 살라는 뜻이다. 우리가 매일 세끼를 먹으며 건강하게 사는 이유도 그 건강을 활용해 매일 한 끼도 못 먹는 사람을 도우라는 의미다. 크리스천들은 자신이 지닌 건강과 재산 등 모든 것을 영적으로 해석해야 한다. 나는 우리 마을에 홈리스 형제들이 있는 것도 우리더러 그들을 돌보며 함께 살라는 하나님의 뜻이라고 믿는다. 이웃과 더불어 나누며 함께 살 때 서로 행복할 뿐 아니라 나누며 베풀며 사는 자들에게 하나님은 더 많은 재물을 맡기신다. 그래서 주는 것이 받는 것 보다 더 복되다고 성경을 말하고 있는 것 같다.

"주라 그리하면 너희에게 줄 것이니 곧 후히 되어 누르고 흔들어 넘치도록 하여 너희에게 안겨 주리라."(눅 6:38)

17

사랑의 집 무료 이발소
이발 봉사

몸을 씻고 이발을 하며 몸을 깨끗하게 단장하는 것은 자기를 사랑하는 증거다. 이는 삶의 의욕을 높여주는 방편이다. 그런데 노숙인 형제들 가운데에는 6개월이나 1년 넘도록 한 번도 머리를 깎지 않고 지내는 경우가 많다. 매일 매일 사는 게 힘들고 마음이 답답하다 보니 몸을 씻는 것도 귀찮아한다. 옷에 기름때가 끼고 냄새가 나도 빨아 입을 생각을 하지 않는다. 깨끗한 옷을 입고 관리하는 것, 자기 스타일에 맞는 옷을 차려 입는 것은 모두 다 있는 사람의 이야기이고 사치라고 생각한다. 그러다보니 아무렇게나 입고 다니며 되는대로 살아간다. 이는 모두 자기에 대한 애착이 없고 삶에 지친 증거이기도 하다.

이처럼 대부분의 홈리스 형제들이 몸 관리에 전혀 관심이 없는 가운데 가끔 이발을 하러 오는 노숙인 형제들이 있다. 너무 오랫동안 이발을 안 해서 빗질이 어렵고 머리가 엉켜서 바리캉이 잘 안

나가는 경우도 있다. 그래도 나는 노숙인 형제가 몇 년 만에라도 이발하러 오면 너무나 기쁘다. 그들이 오랜만에 이발을 할 마음을 먹게 되었다는 것은 자기 몸을 돌보지 않던 사람이 자기 몸을 돌보게 되었고, 생의 의욕을 잃어버렸던 사람이 적극적으로 살아갈 마음을 다시 품게 되었고, 마음이 밝아졌다는 증거이기에 너무 기뻐하며 정성 다해 머리를 깎아 준다. 나는 머리가 길어 이발할 때가 지나고, 수염이 길어 보기 흉한 형제들이 있으면 "이발을 하자"고 권해 자의반 타의반으로라도 이발을 해주기도 한다. 홈리스 형제들이 이발을 하는 것은 자기를 사랑하는 자존감의 표현일 뿐 아니라 이웃에 대한 배려이기도 하다.

작은 이발 봉사로 전하는 주의 사랑

우리 교회는 니시나리 지역으로 이전해 전문적인 노숙자 선교를 하기 시작한때부터 이발 봉사를 계속해 오고 있다. 이발 봉사 시간은 매주 금요일 오전 9시부터 11시까지이지만 정해진 시간 외에도 이발을 해달라는 부탁이 있을 때면 언제라도 기쁨으로 봉사하고 있다. 또한 몸이 불편한 형제들은 집으로 가서 출장 이발 봉사를 해주기도 한다. 스스로 이발할 생각이 없어도 잘 설득해서 이발을 해준다. 작은 이발 봉사를 통해서 주의 사랑을 전하고 외롭고 힘들게 살아가는 어른들에게 용기와 위로를 드리고 싶은 생각에 나는 기꺼이 바리캉을 든다. 노숙자들 눈에 목사가 설교하고 집회를 인도하는 것은 자칫 위에서 밑으로 내려다보는 모습으로 비칠 수 있다. 그러나 이발 봉사는 노숙자들이 주인, 혹은 고객이 되고 목사인 나는 종이 되어 낮아져 섬기는 행위다. 나는 이발 봉사를 하면서 조금도 섬김을 받으러 오시지 않고, 오직 섬기러 오신 예수님의 모습을 본받는다. 예수님처럼 낮아져서 종의 모습으로 노숙 형제들을 섬길 수 있는 이발 봉사가 참 좋다. 내게 그 시간은 어떤 시간보다 행복한 순간이다.

나는 군 입대해 내무반 생활을 하며 자의 반 타의 반으로 이발을 하기 시작했다. 병사들은 정기적으로 이발을 해서 단정한 모습을 유지해야 한다. 대부분 스포츠형의 이발을 한다. 머리를 빡빡 깎는 것은 누구나 할 수 있지만 스포츠형 이발은 상당한 기술이 있어야 할 수 있다. 언제부턴가 나는 부대의 이발사가 되었고, 고참은 물론 졸병들도 나에게 이발을 부탁했다. 특별히 검열을 앞두고는 쉴 틈 없이 밤늦게까지 이발 사역을 하기도 했다. 군대에서 2년 동안 이발을 하다 보니 어느 정도 실력이 붙었다. 사실 군대 이발은 대부분 남자들의 스포츠 이발이기에 그다지 전문적 기술이 필요하지는 않다. 아무튼 나는 군대에서 이발 기술을 약간이나마 배우게 되었다. 제대하며 나는 다시는 이발 봉사를 할 필요가 없다고 생각했다. 그런데 하나님은 내게 지닌 작은 것 하나라도 그냥 놓아두시지 않았다. 그때 배운 이발 기술이 노숙자들을 위해 활용되리라고는 생각도 못했지만 나는 그 미력한 이발 기술을 통해 노숙자들을 섬길 수 있었다.

홈리스 형제들을 섬기면서 나는 제대 이후 다시 이발 사역을 하게 되었다. 우리 사랑의 집 무료 이발소를 찾아오는 손님들의 취향은 다양하다. 어떤 사람은 머리를 길게 해달라고 하고, 어떤 사람은 짧게 해달라고 한다. 옆머리를 가위로 다듬고. 윗머리와 앞머리도 보기 좋게 커트를 해야 했다. 손님들의 다양한 스타일에 맞춰 효과적으로 이발을 하기에는 지금까지 군대에서 익힌 기술만으로는 부족했다. 그래서 시행착오를 거듭하며 이발 기술을 연마했다. 나는 이발의 새로운 장르에 도전하게 됐다. 처음에는 가위질이 서툴러 살짝 귀를 자르기도 하는 등 본의 아닌 실수를 하기도 했다. 그래도 돈 받고 하는 이발이 아닌지라 노숙인 형제들은 내가 좀 실수를 해도 너그럽게 받아줬다. 관대한 그들 덕분에 나는 현재 많은 형제들로부터 인정받는 이발사가 되었다. 언제나 서투른 이발사이지만 내게 머리를 맡기는 형제들에게 감사하며 최선을 다해 최고의 작품을 만들려 매일 노력하고 있다. 나의 이발 실력이 늘게 된 것은 순전히 많은 노숙자들 덕분이다. 나는 "노숙자들을 사랑한다"고 백 번 말하는 것보다 한 번 정성을 다해 이발을 해 주는 것이 그들을 더 사랑하는 것이라고 생각하며 한 사람 한 사람의 이발에 온 힘을 쏟았다. 이심전심(以心傳心)이라고 그런 나의 마음이 통했는지 점점 이발을 부탁하는 손님들이 늘어갔다. 잘하지는 못하더라도 정성 다해 이발을 해주면 모두가 기뻐하고 만족하며 "고맙습니다"를 연발한다. 노숙자들 사이에서는 "동네 싸구려 이발소의 이발사보다 나니와교회 김 센세이(先生)가 이발을 더 잘한다"고 소문이 돌았다.

　이발 경력이 늘어나면서 남자 이발은 어느 정도 손님들이 원하는 대로 작품을 만들어 낼 수 있었다. 그런데 어느 날, 84세 된 여자 할머니 손님이 이발을 해달라고 내게 오셨다. 그 할머니는 그동안 4천 엔씩 주고 머리를 손질해 왔는데 교회 옆으로 이사를 오니 이용원이 멀어 갈 수 없다고 하소연했다. 나는 처음 하는 여자 이발이라서 겁이 났다. "원하는 대로 해드리지 못할 수 있으니 이해해 달라"며 미리 양해를 구하고 이발을 해드렸다. 최선을 다해 이발을 하고 나서 할머니에게 소감을 물으니 너무나 마음에 든다고 하셨다. 그러면서 " 앞으로도 잘 부탁합니다"며 이발료로 굳이 천 엔을 주셨다. 무료로 해드리고 싶었지만 억지로 주시기에 헌금으로 받았다.

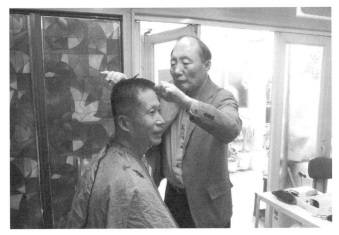

정성스럽게 머리를 깎아주고 있는 김종현 목사

"나는 행복한 이발사 목사입니다."

우리 마을에 신문과 각종 박스를 모아오는 재일동포 할아버지 한 분이 계신다. 그 할아버지는 나이가 들어 지팡이를 짚고 겨우 움직이신다. 그는 지금까지 한국의 무당과 점쟁이들을 재일동포 사업가들에게 소개하는 일을 했다고 한다. 물론 나는 그에게 교회에 나아와 말씀을 듣고 예수를 믿으라고 권했다. 그러나 아직 마음을 열지 않은 가운데 열심히 폐지를 모아 교회로 가져오고 있다. 어느 날, 내가 이발을 해주는 모습을 보고 자기도 이발하고 싶다고 말했다. 그러면서 "긴 수염은 어느 정도 남겨달라"고 주문했다. 노숙인 외에 마을에 사는 주민 가운데서는 첫 손님이기에 최선을 다해 이발을 해 드렸다. 그는 너무 만족해하며 집에 돌아가 천 엔을 가져왔다. 내가 "우리는 무료 이발소입니다"라고 해도 한사코 천 엔을 주시면서 "이 돈을 받아야 마음이 편해 다음에도 올 수 있다"고 말했다. 나는 "언제든지 오시면 머리를 깎아 드리겠습니다"라며 천 엔을 받았다.

사실 우리 교회 이발소의 단골손님은 우리 교회 성도들이다. 우리 교회 성도들 대부분은 이발소에 가지 않는다. 모두 나에게 와서 정기적으로 이발을 한다. 머리가 길었는데도 이발을 하지 않은 성도가 보이면 나는 억지로라도 이발을 하라고 권한다. 특별히 우리 교회 스태프들에겐 위생과 이미지 관리를 위해 자주 이발을 하도록 권한다.

우리 교회 무료 이발소는 행복한 이발소다. 모두들 즐겁게 이발을 한다. 우리 교회 부목사님과 전도사님도 나에게 이발을 부탁한다. 내 실력을 믿는 편이다. 한 번은 우리 교회에 설교 봉사로 오신 은퇴 목사님께 내가 이발을 해드리겠다고 권했다. 목사님은 이발을 하신 후에 크게 만족하셨다. 이후 한 달이나 두 달에 한 번씩 나니와 교회 무료 이발소에서 이발을 하셨다. 늘 함께 오시는 사모님은 다른 이발소에서 하는 것 보다 훨씬 더 어울린다며 좋아하셨다.

나는 이발을 통해 사랑을 전한다. 내게 이발 봉사는 노숙인들과 대화할 수 있는 좋은 기회가 된다. 이발을 하면서 다정하게 사는 이야기를 나누고 고민거리를 물으면 그들은 단단히 잠근 마음의 빗장을 열고 속에 있는 이야기를 나눈다. 삶이 버거워 다리에서 몸을 던져 자살하려 했던 형제도 이발 중에 그 이야기를 털어 놓으며 지금도 죽고 싶다고 말했다. 나는 그에게 생명의 구주되신 예수님을 소개하며 용기를 내어 살아야 한다고 격려했다. 그동안 속내를 마음껏 털어 놓을 수 없었던 노숙인 형제들은 이발을 하면서 마음이 무장해제되어 미주알고주알 이야기 한다. 나는 그들에게 우리 교회 전도 집회에 계속 참가하라고 하고 들은 이야기 가운데 내가 도울 일이 있으면 적극적으로 도와준다. 이발은 나에게 있어서 좋은 통로 역할을 하고 있다. 나니와교회의 무료 이발소는 노숙자를 섬기는 사랑의 통로요, 그들의 고민을 들어주는 상담의 통로며, 복음을 전하는 전도와 축복의 통로다.

18

나니와교회 노숙자 선교의 목표
"노숙에서 천국까지"

'요람에서 무덤까지' 평안한 삶을 누릴 수 있는 나라는 사회복지가 잘 되어 있는 나라다. 노숙자 선교를 하면서 나는 늘 "어떻게 하면 노숙자들이 노숙에서 벗어날 수 있을까? 노숙자들의 노숙 이후의 삶을 어떻게 인도해야할까?"를 염두에 뒀다. 노숙자를 대상으로 사역하더라도 '책임 있는 노숙자 선교'를 해야 한다고 늘 생각했다. 나는 '요람에서 무덤까지'라는 말을 패러디해 '노숙에서 천국까지' 노숙자들의 길동무가 되어 줄 수 있는 노숙자 선교를 펼쳐야 한다고 주장해왔다.

우리 교회는 노숙 상태를 마친 노숙자들의 평생 길동무가 되기 위해 두 가지 대책을 세우고 있다. 첫째, 노숙자들이 예수 믿고 구원받아 신앙의 길을 걷도록 교회를 중심으로 한 사람 한 사람을 신앙적 · 영적으로 지원하고 있다. 둘째, 노숙자들이 노숙에서 벗어나 자립을 하고 내 집에서 살 수 있도록 자립 방안을 마련해주고 거주할 집을 제공하고 있다. 우리는 노숙자들이 자립할 수 있도록 젊은 층에게는 직업을 안내하고 있다. 일할 수 없는 자들에게는 정부가 지원하는 생활보호(영세민 혜택)를 받게 해주고 자신들의 집에서 생활하도록 복지주택을 운영하고 있다.

1) 교회를 통한 노숙자 지원

노숙자들로 하여금 노숙에서 벗어나 홀로서기를 하도록 하기 위해서는 정신적·영적인 지원이 필요하다. 노숙자들에게 필요한 것은 빵과 집, 옷(의식주)만이 아니다. 예수님은 "사람이 떡으로만 살 것이 아니요 하나님으로부터 나오는 말씀으로 살 것이다"라고 하셨다. 경제대국이라는 일본에서는 의외로 많은 젊은이들이 직업을 찾지 못하고 노숙생활을 한다. 그들이 몸이 약하고 사회에 일자리가 없어서가 아니다. 지금 일본에는 한국과 다르게 일자리가 넘친다. 마음만 먹으면 일자리를 얻을 수 있다. 그러나 꽤 많은 젊은이들이 정신적으로 위축되어 있기에 생존경쟁이 치열한 사회에 뛰어들기를 두려워한다. 그래서 그들은 경쟁을 피해 마음 편안하게 살기를 바라며 노숙생활을 택한다.

또한 일부 노숙자들은 노숙에서 벗어나 집과 생활비가 주어지더라도 이전보다 더 방황하며 몸과 마음이 병들고 무너진다. 그러면서 노숙 이후에 패망의 길을 걷는 경우도 많다. 노숙하는 동안 고독과 불안을 이기고자 노름과 술, 음란, 약물 등에 빠지는 등 심각한

의존증에 걸린 자들이 많다. 그들은 소위 '정상적인 생활'에는 제대로 적응하지 못한다. 집과 돈이 주어지는 편안한 생활보다 차라리 노숙생활을 하는 것이 더 건강하고 오래살 수 있는 길이라고 말하는 자들도 있다. 노숙을 하면 돈이 없기에 노름과 약물, 술과 음란에 빠지고 싶어도 깊이 빠질 수 없다. 그러나 돈이 있으면 그런 것들에 더 많이 의존할 수 있기에 더 쉽게 몸과 마음, 인생이 망가지게 된다. 그래서 노숙자들에게 절실한 것이 정신적·영적 돌봄이다.

우리는 노숙자들의 평생 길동무가 되기 위해 그들이 예수를 믿고 믿음의 길을 걸어갈 수 있는 노숙자 중심 교회를 세우기로 했다. 교회는 모든 사람들에게 열려 있다지만 노숙자들이 노숙생활을 청산하더라도 일반 교회에 가면 보이지 않는 차별을 느낀다. 일본인이 모이는 교회에 한국인이 가면 뭔지 모르는 위화감을 느낀다. 부자들이 모인 교회에 가난한 자들이 가면 언제나 교회 주변에 머물러야 한다. 우리 교회는 노숙자들이 영적으로 성장할 수 있도록 돕는 교회가 되기를 바란다. 노숙자들이 주인되어 편안히 다닐 수 있는 교회를 지향하고 있다. 노숙자들의 영적 성장을 돕기 위해 그들에게 예배와 봉사에 참여할 기회를 자주 주며, 신앙성장을 위한 여러 가지 프로그램들도 운영하고 있다.

우리는 목요 전도 집회와 주일 오후 예배를 통해 복음을 전하면서 노숙인 형제자매들이 예수님을 영접하도록 인도한다. 한국 단기 선교팀들이 오면 특별 전도 집회를 열어 찬양과 기도, 말씀을 통해 예수님을 영접하도록 초청한다. 일 년에 한번 9월 말부터 11

월 말까지 10
주 코스로 매
주 목요 새가
족 성경공부
반을 개설한
다. 여기서는
구원에 이르
는 길과 예수

나니와교회에서 성도들이 김종현 목사와 함께 찬양하고 있다

님이 누구신지를 집중적으로 배운다. 모든 프로그램에 결론적으로 노숙자들이 예수님을 알고, 믿고, 영접하도록 한다. 성경공부와 집회를 통해 예수를 믿고 영접한 자들을 대상으로 일 년에 두 번 부활절과 성탄절에 세례를 받도록 세례자 교육을 한다.

세례 받고 교인이 된 성도들이 예배와 봉사에 적극적으로 참여토록 인도하고 있다. 주일 오후 예배와 목요 전도 집회 성가대에는 찬양을 잘하든 못하든 우리 교회 세례교인은 누구나 참여할 수 있다. 교회 내에 어떠한 벽도 존재하지 않도록 한다.

우리 교회에는 아직 장로가 없다. 그래서 주일 예배에 될 수 있는 대로 많은 성도들이 참여하도록 대표 기도는 부교역자와 권사, 집사들이 돌아가면서 하고 있다. 오후 예배와 목요 전도 집회에서도 대표 기도는 집사들이 돌아가며 담당한다. 우리 교회 집사들은 대부분 노숙자출신이다. 예배에서의 특별 찬양도 성도 두 사람씩 돌아가며 담당한다. 헌금위원도 집사들이 돌아가며 맡고 있다.

기존 성도들의 신앙 성장을 위해 10주 코스의 제자성경공부반을 매년 운영하고 있다. 매년 모든 성도들이 참여하는 여름수양회를 개최, 집중적으로 말씀을 배우고 기도하며 영적 성장을 도모할 수 있도록 하고 있다.

세례 받은 성도들은 서리집사로 일하도록 권하고 가르치고 있다. 70세 이상의 집사님들도 예배를 돕고 봉사할 수 있도록 인도하고 있다. 우리 나니와교회는 모든 교우들이 영적 양식을 풍성히 공급받고, 그동안 세상에서 느끼지 못한 안식과 위로를 얻고. 천국에 가기까지 주의 풍성한 은혜를 함께 나누는 노숙자들의 영혼의 안식처이자 집이다. 물론 거룩하신 하나님의 전이다. 나는 평생 이 하나님의 전에서 노숙인 형제자매들과 함께 살 것을 다짐했다. 평생 거리와 공원을 방황했던 그들이 나니와교회에 닻을 내리고, 인생의 등대이신 주님을 만나며, 하나님의 전에서 즐겁게 믿음의 삶을 살며, 평안히 천국에 들어가는 것이 나와 아내, 그리고 우리 모두의 소망이다.

2) 복지 주택을 통한 노숙자 지원

집회에 온 노숙자들에게 무료식사를 제공하고 함께 예배를 드리는 것만으로도 충분히 주님의 마음으로 그들을 섬겼다고 할 수 있을 것이다. 그러나 나는 노숙자 선교는 그것으로 끝나서는 안 된다고 생각한다. 물론 노숙자들에게 당장 육의 양식과 영의 양식을 제공하는 것은 중요하다. 하지만 집회가 끝나면 그들은 다시 차디찬 길바닥으로 돌아가야 한다. 특히 고령에다 몸이 아픈 노숙자들은 하루하루가 견디기 힘들다. 그들은 거리에서 생의 마지막을 마주할 가능성이 크다. 나는 그런 고령의 노숙자들이 인생의 마지막 기간이나마 따뜻한 내 집, 내 방에서 지냈으면 좋겠다는 생각을 했다. 고단한 인생길의 마지막을 우리가 지켜주고 싶었다. 그래서 그들에게 예수님을 받아들여 죽음을 넘어 천국에 이를 수 있는 마지막 기회를 제공하기 위해 우리는 복지주택 사업을 시작했다.

복지주택 사업은 돈을 받고 집을 빌려주는 사업이다. 물론 돈을 벌기 위한 목적은 전혀 아니다. 우리 교회 사랑의 집이 치열한 경쟁을 해야 하는 사업에 뛰어들 필요는 없다. 우리는 그저 현실 환경의 테두리 속에서 노숙자들을 돌보고 싶었을 뿐이다. 우리의 복지주택에 살게 되는 사람들과 아름다운 공동체를 이루고 싶었다. '노숙에서 천국까지' 토털 케어를 하기 위해선 집이 필요했다. 일본에서는 소위 '빈곤 비즈니스'라는 게 유행처럼 번지고 있다. 가난한 자들에게 정부의 생활보호를 받게 주선해주고 그들에게 방을 빌려주면 방세가 어김없이 들어온다. 안정된 수익원이 되는 것이다. 실제로 오사카의 빈민촌인 가마가사키에는 여관 등 저렴한 숙박업소가 줄지어 세워져 있었다. 지금까지는 여관들의 주요 고객은 모두 일용직 노동자들이었다. 그러나 최근 들어 모든 여관들이 생활보호를 받는 영세민들이 사는 주택으로 바뀌어가고 있다.

우리 사랑의 집의 복지 주택은 긴급한 도움이 필요한 어려운 사람을 우선적으로 받는다. 일반인들에게는 아무리 돈을 많이 낸다 해도 방을 빌려주지 않는다. 알콜 중독자나 노름 중독자 등 무절제한 생활로 인생에 실패한 사람들도 받는다. 방세를 내지 않고 그냥 도망가도 돌아올 때까지 기다린다. 오히려 그들이 걱정되어 사방으로 찾아가 데려온다.

사랑의 집 복지주택 주민들은 가족 공동체

우리 사랑의 집이 지금까지 제일 중점적으로 돌보아 온 사람은 정신적·지적 장애를 가진 사람들이다. 우울증이나 술·마약·노름 중독에 걸린 자들은 누군가가 도와주지 않으면 혼자 살 수 없는 자들이다. 마음의 병을 앓고 있는 자들과는 장기적으로 관계를 유지하고 신뢰를 쌓으며 도움을 주어야 한다. 다른 빈곤 비지니스 사업가들은 이들을 결코 받아주지 않는다. 사업에 방해만 되기 때문이다. 우리마저 그들을 버리면 그들에게는 갈 곳이 없어진다. 그들을 섬기는 것은 결코 쉽지 않다. 말도 되지 않는 엉뚱한 부탁을 하거나 나와 아내, 스태프들을 힘들게 해도 한 없이 그들을 받아줘야 한다. 실제로 우리는 그들을 하나님이 허락해주신 가족으로 여기며 섬기고 있다. 그렇게 돌보다보면 어느새 그들이 각종 중독에서 탈출해 점차 새로운 사람으로 바뀌는 것을 본다. 우리 복지주택에 들어와서 안정된 삶을 누리며 새 출발을 하는 노숙인들이 늘어나고 있다.

니시나리, 특히 가마가사키 지역에 사는 사람 네 명 가운데 한 명이 결핵 환자라고 한다. 우리 복지주택에 살고 있는 형제자매들 중에서도 몇 사람이 결핵으로 입원했다. 그런 입원 환자들을 우리는 정기적으로 심방한다. 결핵은 전염성이 있어 환자 가족들도 면회를 꺼린다. 면회를 가더라도 반드시 마스크를 써야한다. 사실 나도 가장 방문하고 싶지 않은 곳이 결핵 병동이다. 그러나 우리는 다른 환자보다 결핵으로 입원한 형제자매들에게 더 집중적으로 찾아가 기도해줬다. 대부분의 결핵환자들은 언제 죽을지 모른다는 절망에 사로잡혀있다. 우리는 그런 환자들에게 소망이신 예수님을 전하며 함께 웃으며 대화하고 격려한다. 그들이 절망감을 떨치도록 하는데 최선을 다하고 있다. 감사하게도 우리가 심방했던 대부분의 환자들은 결핵 완치 판정을 받아 퇴원해 건강하게 살고 있다.

우리에게 복지주택에 사는 사람들은 가족이다. 가족이란 가장 어려울 때에 함께 해주는 사람들이다. 우리는 믿음 안에서 한 가족 된 노숙인 형제자매들이 어디에서 무슨 일을 당하든지 함께 해준다. 경찰에 붙잡혀 신원보증을 서야 나올 수 있을 때에도 어김없이 가서 도와준다. 유치장에 갇혀있을 때에도 면회를 하고 격려한다. 검찰에 송치되어 검사의 심문을 받을 때도 불이익을 당하지 않도록 찾아가 도와준다.

이런 사역을 하다보면 위급한 상황에 처하는 경우가 비일비재하다. 우리 교회 전도 심방 대원들이 히라시마 상의 집을 방문했을 때의 일이다. 그때, 히라시마 상은 갑자기 비틀거리고 눈동자가 열리는 등 위급한 상황에 처했다. 우리는 급히 구급차를 불러서 그를 병원으로 이송했다. 뇌졸중이었다. 조금만 늦었더라도 생명이 위태로웠지만 급히 병원으로 이송한 덕분에 중환자실에서 치료를 받고 위기를 모면했다. 그는 차츰 건강을 회복, 퇴원해서 정상적인 삶을 살고 있다. 이같이 우리는 마치 '긴급출동 114'와 같이 우리 '가족'들이 있는 곳은 어디든지 찾아가고 있다.

현재 우리 교회 복지주택에는 60여명이 살고 있다. 우리는 그들을 정기적으로 방문해 안부를 확인한다. 복지주택 가족 가운데에는 아직 예수 그리스도를 받아들이지 않은 사람들도 있다. 복지주택에 들어오는 조건에 교회를 다니는 것은 포함되지 않았다. 비신자들도, 다른 종교를 믿는 자들도 도움이 필요하다면 차별 없이 받아들이고 돌본다. 그저 인생의 마지막 길을 가는 형제자매들의 위안과 시원한 그늘이 되기만을 바랄 뿐이다.

인도의 성녀 마더 테레사 수녀는 쥐에 물려 페스트에 걸려 죽어가는 자들의 임종을 지켜주는 사역을 했다. 그때, 테레사 수녀가 이끄는 가톨릭 수녀회는 죽어가는 자들이 힌두교나 다른 종교의 장례방식을 원한다면 그리 하도록 해줬다. 우리 교회는 복지주택에 사는 자들이 예수님을 믿어 구원 받아 천국에 들어가기를 최우선적으로 추구한다. 그것이 그들에게 줄 수 있는 가장 큰 선물이기 때문에 그렇게 인도하고 있다. 그러나 믿지 않는 자들도 동일하게 끝까지 사랑으로 섬긴다. 종교 유무와는 상관없이 그들이 이 땅을 떠날 때까지 지켜주고 있다.

마지막 가는 길까지 함께 한다

병원에서 장기 입원을 하고 있는 환자들을 위해서도 자주 병원을 방문, 의사와 치료 방법을 의논한다. 병원에서 임종을 맞이할 때는 임종을 지켜준다. 가족이 있든 없든 모든 장례절차에 함께 한다. 가족들이 끝내 나타나지 않을 경우에는 가족을 대신해 우리 교회 주관으로 장례식을 거행한다. 장례식 주보도 만들어 고인의 삶을 기억하고 추모하며 정성껏 예배를 드린다. 우리 교회 형제들은 평소에 양복을 입지 않는다. 평생 노동자나 노숙자로 살아왔기에 작업복이나 간편한 옷을 입고 살다 이 땅을 떠난다. 대부분의 형제들에게 양복을 입고 찍은 사진이 없다. 장례를 치를 때, 고인의 생전 사진을 아무리 찾아봐도 영정 사진으로 쓸 만한 사진이 없다. 나는 천국으로 떠나는 우리 형제들에게 작은 선물을 하고 싶었다. 주의 부르심을 받은 형제들이 우리 교회 가족들과 작별할 때, 양복을 입고 넥타이를 매며 얼굴도 곱게 단장한 상태로 헤어질 수 있으면 좋겠다고 생각했다. 우리가 천국에서 다시 만날 때에는 그런 단정한 모습의 노숙인 형제자매들을 보고 싶었다. 그래서 주님 품에 안긴 형제자매들에게 제대로 된 영정 사진을 선물하려 했다. 마침 한동대를 휴학하고 우리 교회 연수생으로 왔던 황유진 자매가 포토샵으로 사진 작업이 가능하기에 언제든지 봉사하겠다며 자원했다. 황유진 자매는 정성을 다해 외롭게 살다가 돌아가신 분들에게 가장 멋지고 인자한 모습의 영정사진을 만들어 주었다.

장례식에서 우리 교회는 조화를 준비하고 전 성도들이 헌화한다. 고인의 얼굴을 보고 기도하며 마지막 작별을 하는 사람들도 대부분 우리 교회 성도들이다. 나는 성도들과 함께 전야 예배, 고별 예배, 화장터 예배를 드리고 고인을 천국으로 환송한다.

교회는 하나님의 가족 공동체다. 우리의 교회는 이 땅의 모든 자들이 마지막에 거할 영적 항구와도 같다. 그 항구에는 어떤 국적, 어떤 종교, 어떤 환경의 배들도 들어와 안전하게 거할 수 있다. 나는 이런 교회에서 섬길 수 있는 기회를 주신 하나님께 늘 감사하고 있다. 인생은 유한하다. 잠시 살다 가는 것이다. 장례식 때마다 평생 고단한 삶을 살았던 한 인생 인생들을 떠나보낼 때마다 유한한 인생에서 가장 의미로운 것이 무엇인지를 생각해본다. 오직 주님을 위해 한 일들만이 남는다!

나와 우리 교회는 할 일이 많다. 주님의 이름으로, 주님의 마음으로, 주님의 시선이 머무는 이 땅의 작은 자들을 위해 우리는 오늘도 달려가고 있다. '노숙에서 천국까지' 돌보기 위한 우리의 발걸음은 결코 멈출 수 없다. 이것이 나의 간증이며, 이것이 나의 찬송이다. 할렐루야!

19
한국에 있는 나니와교회 가족
"단기선교팀, 단기연수생"

교회는 하나님이 세워 가신다. 주님의 교회이기 때문이다. 집이 나무와 벽돌, 천장과 지붕 등 여러 가지가 연결되어 세워지듯, 하나님은 여러 사람들을 연합하여 당신의 집인 교회를 세워 가신다. 세상에 독불장군은 있을 수 없다. 교회는 특히 더 그러하다. 연합이 너무나 중요하다. 요한복음에 나오듯 우리의 하나 됨은 주님의 간절한 뜻이었다.

"아버지여, 아버지께서 내 안에, 내가 아버지 안에 있는 것 같이 그들도 다 하나가 되어 우리 안에 있게 하사 세상으로 아버지께서 나를 보내신 것을 믿게 하옵소서."(요 17:21)

우리가 하나 되어 참된 연합을 할 때, 세상은 주 예수 그리스도가 진정한 하나님의 독생자임을 알게 되고, 그분을 믿게 될 것이다.

우리 교회는 일본에 있으면서도 한국 교회와 긴밀히 연합했다. 세워질 때부터 한국 교회의 후원자들로부터 많은 도움을 받았다. 특히 우리 교회를 사랑하고 우리의 사역을 귀하게 여기는 한국의 젊은 목회자들과 청년들에 의해 어려운 고비를 넘기며 조금씩 성장하게 되었다.

한국에서 나니와교회를 찾은 주님의 사람들

우리 교회가 본격적으로 노숙자 선교를 하기 위해 니시나리구 기타츠모리로 이사하고 나서 얼마 안 된 2001년, 우연히 포항북부교회 황예레미야 목사님과 청년들이 찾아왔다. 황 목사님은 당시 청년들을 이끌고 도요나카제일부흥교회로 단기선교 왔다가 그 교회를 담임하는 박창환 목사님의 소개로 우리 교회를 방문하게 되었다.

그때, 우리 교회는 니시나리 지역에 와서 갑자기 많은 노숙자들을 섬겨야 했기에 너무나 힘이 들었다. 나와 아내, 스태프들 모두 경제적·육체적으로 피곤하고 지쳐있었기에 누군가의 위로와 도움이 필요한때였다. 그때 하나님께서 '돕는 천사'로 황 목사님과 청년들을 보내주셨다. 황 목사님과 청년들은 우리 교회에서 함께 주님을 찬양했다. 황 목사님과 청년들이 부르는 찬양이 사역에 지친 우리들에게 너무나 큰 위로와 힘이 되었다. 우리 부부와 스태프들, 모든 성도들은 시간가는 줄도 모르고 함께 찬양을 부르며 주

님의 은혜 속에 빠져들었다. 그 찬양과 그들의 격려 가운데 우리
는 다시 힘을 얻었다.

그 이후로 황 목사님은 여름과 겨울 방학을 이용해 매년 청년·
학생들과 함께 우리를 찾아 노숙자 사역을 돕고 함께 기도하고 찬
양했다. 황 목사님은 우리에게 말씀도 전해주셨다. 그들과의 인연
으로 포항북부교회 선교팀과 한동대학교 교목인 윤진규 목사님
이 오시게 되었다. 윤 목사님은 교회를 방문한 후에 많은 감동을
받아 한동대 제자훈련과정(DTS) 참석자들이 마지막 순서인 아웃
리치에 우리 교회에 와서 봉사하도록 연결해주셨다. 이후 한동대
DTS팀들은 매년 우리 교회로 아웃리치를 와 노숙자들을 섬기고
전도했다.

윤 목사님은 노숙자들과 노인들 중심인 우리 교회에 사무와 찬
양을 도울 젊은 인재가 필요하다며 한동대 학생들이 단기 선교사
나 단기 연수생으로 6~12개월 동안 나니와교회 사랑의 집에 와서
훈련 겸 봉사 활동을 하면 좋겠다고 제안해주셨다. 나는 "참 좋은
생각"이라고 기뻐하며 허락했다. 그래서 민경인 김영웅 유정범 이
인재 주현수 유승주 이현민 황유진 등 한동대 학생들이 휴학하고
우리 교회에 연수생으로 와서 생활하면서 일본어를 배우고 노숙
자들을 섬기고 그들과 함께 예배드리는 등 훈련을 하고 돌아갔다.
또한 원주시민교회 단기 선교팀도 우리 교회에 여러 번 왔다. 그
교회 김신희 청년은 연수생으로 와서 온 마음과 정성을 다해 노숙
자를 섬기다 돌아갔다. 이들은 한국으로 돌아간 후에도 우리 교회

가족으로 교제했다. 연수생으로 온 청년·학생들은 그동안 편안하게 살다 낮은 자세로 노숙자를 섬기는 것이 상당히 힘들었을 것이다. 그러나 그들은 연수를 마친 후에 이구동성으로 여기서 노숙자들과 함께 눈물 흘리며 지낸 기간이 앞으로 평생 살아가는 귀한 시간이 됐다고 토로했다. 겨우 자기의 일만 생각하고 개인의 행복만을 추구하던 인생에서 가난한 이웃과 더불어 살아가는 인생으로 바뀌었다며 감사했다. 너무나 귀한 청년들이다. 아침 이슬 같은 그들을 바라보며 나는 조국 교회에 소망이 있음을 느꼈다.

나니와교회를 사랑한 한국의 젊은 목회자들

나는 노숙자 선교를 하면서 가난 속에서 여러 일들을 하다가 몸이 상한 적이 많다. 한때는 목에 혹이 생겨 일 년 동안 제대로 말할 수 없었다. 말을 못하니 더 이상 목회를 하지 못할 것 같았다. 그때 황예레미야 목사님이 찾아와 내 대신 설교를 해주셨다. 얼마나 큰 힘이 되었는지 모른다. 황 목사님의 나니와교회 사랑은 그가 포항북부교회에서 대구 삼덕교회로 옮긴 후에도 이어졌다. 그는 삼덕교회에서 이전보다 더 많은 청년들을 우리 교회에 보내 노숙자들을 섬기게 했다. 삼덕교회 선교팀들의 봉사는 우리에게 깊은 감동을 던져줬다. 우리 부부가 지치고 힘들 때마다 적시에 선교팀들이 찾아와 위로하고 격려해줬다. 모두 하나님이 보내신 돕는 천사들이다. 그들은 우리 교회의 사역이야말로 일본은 물론 세상을 변화시키는 의미있는 선교 사역이라고 높게 평가하며 칭찬해줬다. 대구 삼덕교회 청년들은 우리가 말을 하지 않아도 스스로 생각해서 교회에 필요한 것들을 가져왔다. 우리 교회에 키보드가 없는 것을 알고 비싼 키보드를 사왔으며 사랑의 집 홍보 브로슈어를 몇 만장 만들어 가져왔다. 우리 교회가 경제적으로 힘든 것을 알고 항상 분에 넘치는 헌금을 해줬으며 내게도 개인적으로 사례해줬다.

황 목사님은 우리 아들 김성태 목사가 중학생 때 아들과 만나게 되었다. 황 목사님은 그때부터 지금까지 변함없이 김 목사를 자기 동생처럼 아끼고 사랑해주셨다. 아들에게 큰 꿈과 용기를 심어주며 "장차 일본 선교를 위해서 귀하게 역할을 할 날이 올 것"이라고 격려했다. 김성태 목사는 2012년 4월 30일 히로시마교회에서 목사 안수를 받았다. 당시 과천교회 부목사로 있던 황 목사님은 비행기를 예약했지만 갑작스런 장례일정으로 안수식에 오지 못했다. 그러나 며칠 후 일부러 오사카에 찾아와 안수 기념으로 김 목사에게 최신형 태블릿 PC를 선물해주고 돌아갔다. 황 목사님의 사랑과 격려로 김 목사는 재일대한기독교회 최연소 목사로 많은 사람들의 사랑을 받고 목회를 하다 지금은 호주 멜버른에서 유학을 하고 있다.

황 목사님이 우리 교회를 섬기는 열정을 보고 많은 한국의 젊은 목회자들이 우리 교회를 찾았다. 어느 덧 우리 교회를 다녀간 젊은 목회자들은 헤아리기 힘들 정도로 많아졌다. 그들 모두 우리 교회의 열렬한 팬이 되었다. 지금도 우리 교회를 기억하며 기도하고 있다.

황 목사님의 소개로 대구충성교회 김종락 목사님이 중·고등부 학생들과 함께 우리 교회를 찾아 단기선교 활동을 했다. 이후 김 목사님은 네 번이나 중·고등부 학생들을 인솔하고 우리 교회에 와서 단기선교사역을 펼쳤다.

부산 수영로교회 청년부원들도 오랫동안 우리 교회를 찾아왔다. 수영로교회 단기선교팀에는 40이 넘은 형제자매들도 있었다. 그들은 대부분 직장인으로 휴가를 내어 우리 교회를 찾아왔다. 수영로교회 청년들은 우리 교회가 어려울 때 찾아와 많은 위로와 도움을 준 잊지 못할 은인들이다. 우리 교회를 다녀간 수영로교회의 많은 청년들이 지금도 우리 교회와 부족한 종을 기억하며 기도해 주고 있다.

"이제 우리가 한국 교회에 사랑의 빚을 갚겠습니다"

그동안 나니와교회라는 나무가 자라도록 수많은 한국의 청년·학생들, 교역자들이 찾아와 사랑의 물을 주었다. 그 사랑의 물과 그들의 헌신적인 돌봄으로 인해 우리 교회가 지금의 이만큼 자라나게 되었다. 우리 교회 성도들은 대부분 일본인이지만 한국과 한국 청년들을 아주 좋아한다. 그들의 헌신과 사랑을 잊지 못하기 때문이다.

지금은 우리 교회도 많이 자라났다. 이제 한국의 단기선교팀들이 도와주지 않아도 설 수 있게 되었다. 그러나 우리는 지금도 한국의 청년·학생들이 단기 선교나 연수로 온다면 대환영한다. 우리 또한 그들을 섬길 수 있기 때문이다. 우리 교회를 다녀간 많은 청년들이 변화되어 일본과 이 땅 곳곳을 사랑하며 가난한 자들과 잃어버린 영혼들을 부둥켜안는 넉넉한 크리스천 리더들로 성장해가는 모습을 보아왔다. 그것이 우리의 보람 가운데 하나다. 이제 우리 나니와교회가 한국 교회의 도움만 받는 교회가 아니라 한국 교회를 돕는 교회가 되기를 소망한다. 그래서 그동안 우리가 한국 교회에 지었던 사랑의 빚을 조금이나마 갚기 원한다.

이밖에 그동안 우리 교회를 변함없이 후원해 주신 여러 교회에 이 지면을 통해 감사를 표하고 싶다, 진주제일교회, 홍해제일교회, 전주중앙교회, 인천용광교회, 부여동남교회, 늘푸른교회 등이 우리 교회를 단기 및 장기로 후원해주셨다. 서울광암교회도 헌신적으로 우리를 도왔다, 광암교회 이상섭 목사님은 나의 영적 멘토로서 여러 번 우리 교회를 찾아와 집회를 인도해주시고 단기선교팀도 보내주셨다.

선교는 결코 혼자서 할 수 없다. 선교지는 영적 전쟁터기 때문에 누군가의 기도와 도움이 필요하다. 하나님은 우리를 고아와 같이 홀로 놔두시지 않았다. 한국의 선한 이웃들을 보내주셨다. 그들은 참으로 천사와 같은 존재들이었고 참된 주님의 제자들이었다. 그들과 함께 우리는 일본이라는 영적 전쟁터에서 믿음의 선한 싸움을 성공적으로 싸울 수 있었다.

"여호수아가 모세의 말대로 행하여 아말렉과 싸우고 모세와 아론과 훌은 산꼭대기에 올라가서 모세가 손을 들면 이스라엘이 이기고 손을 내리면 아말렉이 이기더니 모세의 팔이 피곤하매 그들이 돌을 가져다가 모세의 아래에 놓아 그로 그 위에 앉게 하고 아론과 훌이 하나는 이편에서, 하나는 저편에서 모세의 손을 붙들어 올렸더니 그 손이 해가 지도록 내려오지 아니한지라"(출 17:10~12)

한국의 젊은 목회자들과 청년·학생 선교팀들은 우리 교회가 어려울 때 도와주었다. 내가 지치고 힘들어 기도할 수도 없었을 때, 나의 오른손과 왼손을 잡아 올려주었다. 그들이 나와, 나니와 교회를 살렸다. 메마른 나무와 같이 시들어가던 우리들에게 사랑의 물을 부어주어 다시 일어나게 해주었다. 성경은 많은 사람을 옳은 데로 돌아오게 한 자는 별과 같이 영원토록 빛난다고 했다.(단 12:3) 그들은 참으로 별과 같이 빛나는 주님의 사람들이었다. 이 책을 통해 그들의 헌신과 사랑의 수고를 기록한다. 그리고 그들에게 고백하고 싶다.

"그대들의 걸음이 우리의 길이 되었습니다. 이제 당신들의 헌신을 본받아 우리 역시 시들어가는 이 땅의 모든 것들에 생명의 물을 부어주겠습니다. 우리가 걷는 이 걸음이 또 다른 길이 되기를 소망하면서…."

부록

예수님을 생각나게 하는 나니와교회

1. 진흙 속에서 발견한 보석들

강정숙 사모

　지난 20여 년을 뒤돌아보면 하나님의 은혜와 기적의 연속이었다. 무에서 유를 창조하신 하나님을 찬양한다. 우리 가족 넷이서 아무 가진 것 없이 시작한 나니와교회가 그동안 셀 수 없이 많은 분들에게 식사를 제공하고 복음을 전할 수 있었던 것은 때를 따라 돕는 은혜를 베풀어주신 하나님의 역사였다. 물질적인 도움도 엄청났지만 무엇보다 놀라웠던 것은 우리가 섬긴 노숙자들 가운데 보석 같은 하나님의 일꾼들이 숨겨져 있었다는 사실이다.

　육신의 양식을 찾아 온 가난하고 보잘 것 없는 노숙인들의 겉모습만 보면 희망이라고는 찾아볼 수 없었다. 그저 그들이 예수 믿고 구원 받는 것만으로도 감사할 뿐이었다. 그러나 하나님은 그들 가운데서 놀라운 하나님의 일꾼들을 세우셨다. 그들이 아니었다면 지금의 우리 교회는 설 수 없었다.

　김 목사님과 나는 복음을 전했을 뿐이다. 보이지 않게 우리 교회를 섬겨온 분들은 바로 보석 같은 우리 성도들이다. 한 분 한 분 모두 귀하지만 그 중에서 몇 분들의 이야기를 소개한다.

1. 모토우라 스에히로

2003년 전도 집회에 참석한 노숙인들 가운데 유난히 눈에 띄는 형제가 있었다. 장발에 긴 수염, 그리고 냄새나는 지저분한 옷차림의 40대로 보이는 모토우라 스에히로 형제였다. 매주 열리는 전도 집회에 거의 빠짐없이 찾아오는 그가 솔직히 별로 반갑지 않았다. 너무도 냄새가 지독하고 보기 흉했기 때문이다.

우리는 그 해 가을부터 노숙인들 가운데 성경을 배우기 원하는 분들을 모집했다. 10주 코스로 열리는 새신자 성경공부였다. 다른 분들은 몰라도 저 지저분한 형제만큼은 신청하지 않았으면 하는 바람이었으나 나의 상상을 깨고 바로 그 형제가 신청을 하는 것이 아닌가. 매주 한 테이블에 둘러 앉아 성경공부를 할 생각을 하니 눈앞이 깜깜했다. 그날 저녁 집에 돌아와 김 목사님에게 고민을 털어 놓았다. 내 마음을 알아차린 김 목사님은 성경공부에 참석한 모토우라 형제의 머리를 깎아주고 긴 수염도 깨끗이 면도를 해주며 샤워까지 하도록 했다. 말끔히 단장하고 나니 형제는 전혀 딴 사람이 되어 내 눈앞에 나타났다. 영화배우 뺨칠 정도로 잘생긴 형제였다. 사람의 외모만 보고 판단했던 나의 어리석음이 그대로 드러나는 순간이었다. 나는 하나님 앞에 부끄러웠고 형제에게

급식 봉사를 하는 모토우라 스에히로(왼쪽)

도 미안했다.

그 후로 형제는 꾸준히 성경공부에 참여했다. 전도 집회에서도 솔선하여 봉사하는 등 적극적으로 참여했기에 김 목사님은 그에게 사택 주차장에 잠잘 곳을 마련해 주고 교회에서 식사를 제공했다. 형제는 적극적인 성격이라 무슨 일이라도 앞장섰다.

그러나 한편으론 일이 거칠고 끝마무리가 엉성해 누군가가 다시 한 번 손을 대야 했기에 김 목사님도 나도 그의 일하는 모습이 별로 마음에 들지 않았다.

처음에는 목사님을 도와 건축 일을 했지만 결국 인정을 받지 못해 하는 수 없이 부엌 쪽으로 쫓겨 오게 되었다. 그때부터 나의 시련이 시작되었다. 음식을 다루는 부엌이기에 위생이 무엇보다도 우선이었으나 형제는 위생관념이 거의 없었다. 지저분한 손을 씻지도 않은 채 음식을 만지는 등 나로서는 도저히 용납할 수 없었다. 내 눈에 띌 때 마다 지적을 해도 그때 뿐이요 좀처럼 나아지는 기미가 보이지 않았다. 부엌에서 쫓아내고 싶었지만 그렇게 되면 형제가 일할 곳이 없기에 이러지도 저러지도 못하고 내 속만 썩어

들어 갔다.

그러던 어느 날, 노숙인 가운데 요리사 경험이 있었던 분들이 자원하여 주방에서 봉사하기 시작하면서 나의 고민은 해결되었다. 형제는 요리사 옆에서 돕는 역할을 하게 되었다. '서당 개 삼년이면 풍월 읊는다'는 속담처럼 시간이 지나면서 형제도 조금씩 요리를 할 수 있게 되었고 어느 새인지 밥을 짓는 담당자로 자신의 자리를 굳게 지키게 되었다. 우리 교회는 일주일에 세 번씩 무료 급식을 하기에 많은 밥을 지어야 한다. 한번에 150인분에서 많을 때는 300인분의 밥을 지으려면 대형 가스 솥 2개로 몇 번이고 반복해야 한다. 30kg이나 되는 무거운 쌀포대와 대형 가스 솥을 들었다 놨다 하며 허리가 휘도록 밥을 짓고 있는 형제를 보면 안쓰럽기도, 대견하기도, 고맙기도 하다.

15년 동안이나 인내하며 봉사하고 있는 모토우라 상은 지금 우리 교회의 기둥 같은 일꾼이요, 없어서는 안 될 소중한 존재다.

2. 후지사와 테루오

평생을 독신으로 목수 일만 하면서 성실하게 살아온 후지사와 테루오 형제(당시 65세)는 60세가 되면서부터 서서히 일자리가 줄어들면서 수입도 줄어 방세와 식사를 해결하기조차 어렵게 되었다. 일본 정부에서는 실업자로 65세 이상이 되면 일종의 영세민 혜택인 생활보호를 받게 해주는 제도가 있다. 후지사와 형제도 그

혜택을 받고 싶어 여러 번 구청의 문을 두드렸으나 65세가 되려면 아직도 몇 개월이 부족하다는 이유로 번번이 거절을 당했다. 그러다 낙심가운데 찾아온 곳이 우리 교회가 금요 무료급식을 하는 공원이었다. 300여 명의 노숙인들이 길게 늘어선 대열에 끼여 급식을 기다리다 앞뒤에 서있는 동료들이 이런 말을 하는 것을 듣게 되었다.

"나니와교회 김종현 목사님과 함께 구청에 가서 생활보호 신청을 하면 바로 그 자리에서 허락이 떨어진다는구먼."

후지사와 형제는 곧바로 김 목사님과 상담을 했다. 며칠 후에 목사님과 함께 구청에 가서 생활보호 신청을 하자 말 그대로 그 자리에서 허락이 떨어졌다. 그때부터 형제의 눈에는 김 목사님이 대단하게 보였다. 그는 목사님을 평생의 은인으로 생각하게 되었다. 생활보호가 허락된 그날 밤부터 김 목사님의 말에 전적으로 순종하게 되었다. 이후 그는 새벽 기도부터 모든 예배에 성실하게 참여하면서 믿음이 자라 1년 뒤에는 세례를 받고 나니와교회의 성도가 되었다.

그 당시 나니와교회는 마을에 있는 허름한 빈 방들을 싼 값으로 사서 리모델링하여 노숙인들이 여생을 편안히 지낼 수 있도록 하는 복지주택 사업을 막 시작하던 중이었다. 리모델링을 위한 가장 중요한 일꾼은 누가 뭐래도 목수이다. 평생 목수로 살았던 후지사와 형제는 심성이 착해 뭔가 은혜를 입으면 꼭 갚아야 직성이 풀리는 성격이어서 은혜를 입은 김 목사님과 나니와교회를

밝게 웃고 있는 후지사와 테루오

위해 뭔가 돕고 싶었다. 마침 리모델링을 위한 목수를 필요로 한다는 소리를 듣자 형제는 기다렸다는 듯이 기쁨으로 봉사하기 시작했다. 후지사와 형제와 김 목사님이 중심이 되고 건축 경험이 있는 몇몇 형제들의 도움으로 마을에서 구입한 허름한 방들이 하나하나 사람이 살만한 방으로 수리되었다. 그렇게 점점 늘다 보니 어느새 58개나 되는 방에서 형제들이 편안한 노후를 보내고 있다.

후지사와 형제는 리모델링을 할 때마다 그 방에서 살게 될 분의 입장이 되어 정성껏 공사를 했다. 가능하면 좋은 재료를 쓰고 싶어 했고, 작은 선반 하나라도 더 달아주려 했다. 건축 자금이 부족해 매번 절약에 절약을 더하는 김 목사님과 좀 더 좋은 재료를 쓰고 싶어 하는 후지사와 형제 사이에 늘 보이지 않는 줄다리기가 계속되었다. 그 줄다리기에서 항상 승리하는 자는 후지사와 형제였다. 김 목사님은 형제의 따뜻한 배려에 감동하며 늘 양보했다.

후지사와 형제가 가장 눈부시게 활약한 것은 역시 성전 건축을 할 때였다. 두 채의 헌집을 리모델링하여 교회당, 식당, 주방, 샤워

장, 게스트룸 등을 만드는 큰 공사였다. 가난한 교회가 건축을 하다 보니 저렴한 업자를 선정할 수밖에 없었고, 후지사와 형제를 중심으로 나니와교회 전 성도들이 건축 일에 동참했다. 성전이 건축되었을 때 우리가 얼마나 감격했는지 모른다. 비록 멋지고 깨끗한 건물은 아니지만 우리 모두의 땀과 기도와 정성이 어려 있는 교회당이라서 더욱 애착이 가고 사랑스럽다.

후지사와 형제는 3년 전 성공적으로 심장혈관확장수술을 받아 지금도 건강하게 예배드리고 봉사하는 등 믿음의 본이 되고 있다. 2018년 11월로 76회 생일을 맞은 형제가 건강하게 오래오래 사시다가 천국까지도 함께 가기를 기도하고 있다.

3. 아사노마 마사카츠

우리 교회를 방문하는 분들이 이구동성으로 던지는 질문이 있다.

"찬양시간에 드럼 치시는 분 누구세요? 프로 드러머세요? 대단한 실력이시네요. 어떻게 저렇게 작은 체구에서 저렇게 힘찬 드럼 연주가 나올 수 있을까? 정말 감동적이었어요."

바로 우리 교회의 드러머 아사노마 상을 칭찬하는 말이다. 그는 젊었을 때 극단에서 엑스트라로 활동하면서 드럼에 흥미를 느끼

게 되어 틈만 나면 드럼을 쳤다고 한다. 누가 가르쳐주지도 않았
는데 혼자서 연습에 연습을 거듭하다 치는 법을 터득하여 능숙한
드러머가 되었다.

그러던 어느 날 한 카바레의 드럼 연주자로 발탁되어 평생을 드
럼과 함께 살아왔다. 그러나 생활에 여유가 생기자 도박에 손을
대기 시작해 결국 있는 돈을 다 탕진하고 노숙자 신세가 되었다고
한다. 노숙을 하면서도 드럼에 대한 미련을 버리지 못하고 있던
가운데 노숙자에게 무료급식하는 한국 선교사로부터 도움을 받게
되었다. 그 교회에서 숙식을 제공받고 봉사하다가 다시 드럼을 구
입하여 찬양 시간에 연주하게 되었다고 한다. 그 교회가 성전 이
전을 할 수 밖에 없게 되자, 그 목사님의 소개로 아사노마 상은 우
리 교회로 오게 되었다. 물론 드럼도 함께 따라왔다. 그때까지 우
리 교회에는 드럼도, 드러머도 없었기에 아사노마 상이 오게 되어

나니와교회 찬양 시간에 드럼을 치는 아사노마 마사카츠

얼마나 기뻤는지 모른다.

형제를 처음 만난 날, 그의 외모에 나는 놀랐다. 얼굴은 60대 할아버지였는데 체격은 초등학생과 같았다. 바람만 불면 날아갈 것 같은 가냘픈 체격이었다. 그러나 드럼 앞에 앉으면 어디서 그런 힘이 나오는지…. 아사노마 상이 온 이후로 우리 교회 찬양 시간이 훨씬 활기차고 뜨거워졌다. 할렐루야!

아사노마 상은 드럼을 잘 칠 뿐 아니라 동작이 얼마나 빠른지 교회 봉사도 척척 한다. 나같이 동작이 느린 사람은 도저히 따라갈 수 없을 만큼 몸이 날렵하다. 설거지며 쓰레기 처리 등 온갖 궂은일도 기쁨으로 감당하는 섬김의 종이다.

유머 감각도 뛰어나 스스로를 '기타츠모리의 욘사마(배용준)'라고 소개할 때면 모두가 배를 움켜잡고 웃을 수밖에 없다. 어린아이를 유난히도 귀여워하고 아이들의 친구처럼 늘 젊게 사시는 아사노마 상도 어느새 72세가 되었다. 세월이 흐르며 우리 교회 귀한 일꾼들이 점점 나이가 드시니 안타깝기 짝이 없다. 그러나 아사노마 상은 고목나무 속에 찬란한 내면이 있듯, 나이와는 상관없이 빛나는 성품으로 우리 모두를 행복하게 해주고 있다. 아사노마 상이 건강하게 오래오래 살며 드럼으로 주께 영광 돌리길 기도한다.

4. 오오키 마사노리

지금으로부터 10여 년 전 우리 교회가 야간 패트롤을 하며 노숙인들에게 주먹밥과 된장국을 나누어 드리던 어느 날이었다. 길게 줄을 서서 기다리는 노숙인들의 대열에 다리를 절며 다가오는 한 분이 계셨다. 오랫동안 이발을 하지 않았는지 산신령처럼 긴 머리에 수염도 깎지 않아 삶을 포기한 듯이 보이는 모습이었다.

그를 보자 김 목사님의 마음이 동했고 어떻게든 도와드려야 할 것 같았다. 그에게 주먹밥과 된장국을 나누어 드리면서 김 목사님이 제안을 했다.

"몸도 불편하신데 이렇게 고생하시지 말고 생활보호를 신청해 보십시다. 제가 힘닿는 대로 도와 드리겠습니다."

오오키 상은 기다렸다는 듯이 김 목사님의 말에 쾌히 응답했고 우리 교회로 오게 되었다. 교회로 오자마자 이발과 면도, 샤워를 했다. 그러자 핸섬한 신사로 완전히 변신해 우리에게 나타났다. 그날부터 그는 교회가 마련해준 방에서 생활하고 식사는 교회에서 공동으로 하게 되었다. 목사님과 함께 구청에 가서 생활보호를 신청, 나라의 혜택도 받게 되었다.

오오키 상은 말이 없고 조용하지만 워낙 성실하고 맡겨진 일은 어떤 일이든지 완벽하게 해내는 귀한 분이었다. 새벽 기도회를 시작으로 모든 예배에 빠짐없이 참석했고 힘닿는 대로 열심히 봉사했다.

우리 교회가 창립 10주년을 맞이한 2007년은 하나님의 은혜로

나니와교회당을 설계한 오오키 마사노리

성전 건축을 시작한 해이기도 했다. 성전 건축을 위해 필수 불가결한 것이 '설계'이다. 김 목사님은 성도들에게 "좋은 설계사를 만날 수 있도록 기도하자"고 했다. 바로 그때였다. 누군가 소리쳤다. "제가 해보겠습니다." 바로 오오키 상이 아닌가. 모두들 크게 놀랐다. 평범한 노숙인으로만 보였던 오오키 상이 설계를 하겠다니 모두들 자신의 귀를 의심했다. 건축 자금이 부족했기에 김 목사님은 좀 서투르더라도 한번 맡겨보기로 했다. 오오키 상은 며칠 밤을 새워가며 열심히 설계도를 그렸다. 우리는 반신반의했다. 그러나 완성된 설계도를 본 목수 후지사와 상이 "너무도 완벽한 설계도"라면서 감탄을 하는 것이었다. 김 목사님과 온 성도들이 또 한 번 놀랐다.

그때서야 그는 전직이 설계사였음을 고백했다. 그는 자신이 속해 있던 회사가 부도 위기를 맞자 회사를 살려보려고 자신의 전 재산으로 보증을 섰다. 그러나 결국 회사는 부도났고 오오키 상은 재산을 다 잃고 잦은 부부싸움 끝에 결국 이혼까지 하게 되었다. 그러자 삶의 희망이 사라져 노숙인으로 전락하게 된 것이었다. 인생의 밑바닥에서 헤매고 있던 자신을 건져준 김 목사님에 대한 고마움으로 오오키 상은 기쁨으로 설계도를 완성해 은혜에 보답한 것이었다.

그일 이후로 나니와교회의 성전 건축은 탄력을 받게 되었다. 하나님은 정말 빈틈이 없으신 분이다. 우리는 아무 것도 없다고 생각했지만 그분은 이미 모든 것을 우리 가운데 준비해 놓으셨다. 훌륭한 설계사도, 능숙한 목수도, 건축 현장에서 잔뼈가 굵은 형제들도 우리 가운데 있었다. 그들의 도움을 받으며 김 목사님은 즐겁게 건축을 진행할 수 있었다. 오오키 상은 그 후로 나니와교회의 집사로서 모든 사무와 회계, 파워포인트 작성, 교회 음향 등 못하는 일이 없을 정도로 여러 면에서 충성스럽게 김 목사님의 오른팔 역할을 하고 있다. 그런 그를 바라보며 온 성도들은 이구동성으로 말한다.

"오오키 상이 없었다면 김 목사님이 얼마나 힘드셨을까?"

물론 나도 그렇게 생각한다. 그리고 눈물겹도록 오오키 상이 고맙다. 늘 그에게 감사하고 있다.

5. 타카야마 가코무

2007년 새 성전으로 이전한 후, 감사와 기쁨 가운데 매주 목요 전도집회를 열었다. 가난하고 외로운 형제들이 100여 명 정도 참석한 가운데 찬양과 말씀으로 복음을 전하면 노숙에 지친 형제들 가운데는 설교를 자장가 삼아 코를 골며 주무시는 분들도 계신다.

전도집회 참석자 가운데 설교에 집중하는 분들이 극히 드문 가운데 매주 불꽃같은 눈으로 열심히 말씀을 듣고 계시는 분이 있었다. 그의 이름은 타카야마 가코무 상. 나는 눈도장을 찍어놓고 언젠가 성경공부를 같이 할 것을 권유해 보기로 마음먹었다. 2008년 가을, 새가족 성경공부에 참여할 분들을 모집하는 때가 되어 그에게 권유했다. 처음에는 별로 관심이 없는 듯 했으나 점점 마음을 열어 성경공부에 참여하기로 했다. 성경공부 시간에도 반짝이는 눈으로 말씀에 귀를 기울이며 열심히 공부했고 세례자 교육도 마쳐 성탄절에 세례를 받았다.

타카야마 상은 목요전도집회에 참석한 것이 계기가 되어 나니와교회 성도가 된 것이다. 한 영혼을 예수님께로 인도하는 것이야말로 어떤 것과도 비교할 수 없는 최고의 기쁨이다. 그 후로 그는 모든 예배에 적극적으로 참여하며 믿음이 쑥쑥 자라는 모범적인 성도로 성장해 갔다.

타카야마 상은 키가 작아 스스로 '삭개오'라고 말한다. 우리도 가끔 그렇게 부르고 있다. 그는 학생시절에는 신문배달을 하며 자립했고 청년시절에는 시골의 조그만 신문사의 기자로 활동하다 한 사업가의 권유로 건강식품 관련 사업에 뛰어들었다. 처음에는 사업이 잘 되는 듯 했으나 도중에 어려워지자 빚보증을 서기 시작했다. 나중에는 모든 빚을 떠맡게 되어 갚아도 갚아도 끝이 보이지 않게 되었다. 평생 빚만 갚다가 인생이 끝난다 생각하니 너무도 허무했다. 그 고통으로부터 벗어나고자 술을 마시기 시작했고 점점 술 없이는 살수 없는 신세가 되었다. 돈을 다 탕진하고 찾아

온 곳이 노숙인들이 집단으로 모여사는 오사카 니시나리 가마가사키였다.

교회 주차 안내하는 타카야마 기코무

노숙생활을 하던 중 한 노숙인의 "나니와교회에 가면 배부르고 맛있는 식사를 먹을 수 있다"는 소리를 듣고 목요 전도집회에 참석하기 시작했다.

그는 참으로 착한 심성을 지닌 분이다. 어려운 사람을 보면 그냥 지나치지 못한다. 나이 들어 몸이 불편한 성도의 기저귀를 갈아주고 교회에 오갈 때 부축해 드리는 등 '선한 사마리아인'처럼 남을 섬기고 있다. 기쁨으로 섬기는 그 모습을 보고 있노라면 항상 머리가 숙여진다.

그는 현재 우리 교회 집사로 전도에 열심을 다한다. 이렇게 훌륭한 집사인 타카야마 상도 한때 교회를 떠나 방황하다가 다시 술을 마신 적이 있었다. 그때의 이야기를 조금 하고자 한다. 그는 뭔가 마음에 상처를 받았는지 말없이 교회를 떠난 후 1년 반 동안 돌아오지 않았다. 김 목사님을 비롯한 온 성도들은 그가 돌아오기를 간절히 기도했다.

그러던 어느 날, 그로부터 전화가 걸려왔는데 처음에는 누군지 알아들을 수 없을 정도로 발음이 불분명 했다. 계속 "누구시냐?" 고 물었더니 "타카야마"라고 했다. 그 "타카야마"란 이름이 얼마나 반가웠는지 모른다. 계속 기도하며 그를 기다렸기 때문이다. 그는 자신이 토미나가 병원에 입원 중이라고 했다. 목사님과 몇 성도들과 함께 토미나가 병원으로 갔다. 우리를 보자 그는 눈물을 흘리며 자신이 뇌경색과 심근경색으로 길에 쓰러져 구급차에 실려와 수술을 받았다면서 그간의 경위를 설명해 주었다. 수술을 받았지만 여전히 말이 어눌했고 걸음걸이도 부자연스러웠다. 그는 "내가 교회를 떠나 다시금 술을 마시자 하나님께서 사랑의 매로 치셨습니다"라고 말했다. 그는 눈물로 회개하면서 퇴원하면 교회로 돌아오겠다고 다짐했다.

몸이 많이 회복되어 교회로 돌아온 그는 요즘 이전보다 훨씬 더 하나님을 사랑하게 되었다. 과거의 자신과 같이 술에 의존해 살아가는 형제들에게 간증하며 "하나님의 매를 맞기 전에 어서 돌아오라"고 말한다. 하나님의 은혜로 지금은 몸이 거의 정상으로 회복되었다. 타카야마 상은 예배와 봉사, 전도에 누구보다도 앞장서는 신실한 주의 제자가 되었다. 그의 전도하는 발이 어찌 그리 선하고 아름다운지…. 그를 볼 때마다 끝까지 자신의 자녀들을 추적하시며 사랑의 매를 드시면서까지 돌아오기를 소원하시는 아버지 하나님의 따뜻한 손길을 느낀다.

6. 이케니시 요시테루

2008년으로 기억 한다. 목요전도집회가 끝나고 노숙인들이 식판을 반납하고 돌아갈 때, 한 분이 성경을 보여주며 "이거 내가 산거예요. 요즘 매일 읽고 있어요"라고 했다. 노숙인 가운데서는 보기 드문 모습이었다. 그는 이케니시 요시테루 상이었다. 김 목사님과 나는 너무나 반가워서 그에게 성경공부 하기를 권유했고 그는 쾌히 신청했다. 꾸준히 성경공부에 참여했고 세례를 받자 자신도 뭔가 봉사할 일이 없느냐고 물었다. "무슨 일을 해보셨느냐"고 물었더니 "요리를 좀 할 줄 안다"고 대답했다.

우리 교회는 매주 세 번씩 무료급식을 하기 때문에 할 일이 가장 많은 곳이 주방이다. 돕는 인력이 많으면 많을수록 좋다. 나는 그가 요리를 할 수 있다는 말에 귀가 번쩍 뜨였다. 그를 주방에서 봉사하도록 안내했다. 그런데 양배추를 써는 그의 손이 예사롭지 않았다. 손이 보이지 않을 정도로 능숙히 칼질을 하는 것이 아닌가. "혹시 요리사 아니세요?"라고 물었더니 그제야 그는 자신의 전직이 요리사였다고 털어 놓았다. 그는 과거에 요리 전문가로 요리학원에서 일본 요리를 가르쳤다. 그뿐 아니라 일본 외무상 파견으로 세계 여러 나라를 다니며 일본 요리를 알렸다고 고백했다. "천황이 교토에 오셨을 때엔 전속 요리팀에 속했었지요." 그의 말에 자부심이 넘쳤다. 그의 과거사를 들으며 나는 궁금해지기 시작했다. 아마 누구라도 궁금해 질문 할 내용이다. "그렇게도 화려한 경

요리하는 이케니시 요시테루

력이 있는데 어쩌다가 노숙자가 되었는가요?" 그는 쓸쓸한 웃음을 띠며 말했다. "외국 생활이 길어지다 보니 외로웠습니다. 외로움을 달래기 위해 바람도 피우고 도박에도 손을 대었지요. 그때문에 일본에 있는 가족들에게 생활비를 보낼 수 없게 되자 점점 가족과 멀어지게 되었다. 오랜 세월이 지나 일본에 돌아와보니 아내와 자녀들은 다른 곳으로 이사해 버린 뒤였다.

"아, 내가 뿌린 씨를 거두고 있구나"라고 후회를 했지만 그럼에도 자기를 버린 가족에 대한 섭섭함과 외로움 때문에 남아 있던 돈마저 도박으로 다 탕진해 버리고 갈 곳이 없어 노숙을 하게 되었다고 했다. 그는 노숙인 동료들의 소개로 나니와교회의 전도 집회에 참석한 첫날의 예배 후 식사가 정말 맛있었다고 그때를 회상했다.

이케니시 상은 육신의 가족으로부터는 버림을 받았지만 영적인 가족인 나니와교회의 소중한 형제로 자신의 달란트인 요리를 가지고 온 성도들을 섬기고 있다. 차분하고 꼼꼼한 성격이라 간단한 음식 한가지를 할 때에도 정성을 다해 맛있고, 멋있고, 영양 만점인 요리를 하고 있다. 그가 담당하는 매주 금요일 점심에는 그 어느 고급 식당에도 뒤지지 않는 훌륭한 요리가 나온다. 그의 땀과 정성이 가득 담긴 요리를 매주 먹을 수 있는 우리 나니와교회 가족은 얼마나 행복한 자들인지, 생각하면 생각할수록 감사할 뿐이다.

7. 히라노 류우이치

우리 교회는 15년 가까이 매주 금요일 마다 가까운 공원에서 무료급식을 하고 있다. 메뉴는 주먹밥과 된장국. 6년 전쯤 어느 날 여느 때처럼 많은 형제들이 줄을 선 사이에 어린아이 같이 해맑은 미소가 돋보이는 한 형제가 있었다. 이것이 히라노 상과의 첫 만남이었고, 그는 매주 어김없이 금요 무료급식에 참석했다. 그러던 어느 날 그 형제와 친구 노숙인이 생활보호 혜택을 받고 싶어 김 목사님을 찾아왔다. 친구는 65세가 넘어 순탄하게 혜택을 받을 수 있었으나 당시 48세였던 히라노 상은 아직 젊다는 이유로 일을 찾아야만 나라의 혜택을 받을 수 있었다. 젊은 실업자를 위한 혜택의 일환으로 최선을 다해 일을 찾아도 12만 엔의 수입이 안 될 경우 부족한 부분을 나라에서 보충해주는 제도였다. 그는 신문 배달과 청소 등 할 수 있는 한 성실하게 일했고, 그 결과 나라의 인정을 받아 부족한 생활비를 보충 받을 수 있었다.

히라노 상은 나니와교회가 구입한 방에서 생활하며 모든 예배에도 적극적으로 참여, 믿음이 쑥쑥 자라났다. 1년쯤 후에는 10주 코스 성경공부와 세례자교육을 거쳐 세례를 받고 하나님의 가족이 되었다. 기쁨으로 봉사하는 그의 모습에 감동받은 나는 진심으로 "하나님, 저렇게 착하고 성실한 형제가 행복한 가정을 이룰 수 있도록 축복해주세요"라는 기도를 드렸다. 기도를 시작한 지 얼마 안 되어 하나님이 놀라운 방법으로 일하기 시작하셨다.

우리 교회 성도는 99%가 노숙인 출신이다. 노숙인의 99%는 남자이기에 우리 교회 남녀성도 비율은 9:1로 남성이 압도적이다. 그 당시 여 성도는 나와 마키 상뿐이었다. 오랜 세월동안 내가 찬양 인도를 해오다 5년 전부터 주일 찬양 인도를 마키 상에게 부탁했다. 마키 상은 나니와교회의 아이돌이었고, 뭇 남성들의 시선을 한 몸에 받는 유일한 젊은 여 성도였다. 찬양하기를 좋아하는 마키 상은 주일 예배를 마치고 모두 집으로 돌아간 후에도 교회에 남아 기타를 치며 찬양을 하곤 했다. 그러한 마키 상의 팬이 되어 끝까지 찬양을 들어주는 한 형제가 있었으니 바로 히라노 상이었다. 그는 거의 매주마다 어김없이 찬양을 들어주고 마키 상이 집에 돌아갈 때는 배웅을 해줬다. 나는 두 사람이 점점 가까워지는 것을 느꼈다.

그러던 어느 날, 두 사람이 김 목사님과 나에게 의논할 일이 있다며 찾아왔다. 매사에 적극적인 마키 상이 먼저 입을 열었다. "저, 우리 결혼하려고요. 두 분은 어떻게 생각하세요?" 히라노 상이 행복한 가정을 이루게 해 달라고 기도는 해왔지만 그 상대가 마키 상이라고는 생각지 않았기에 김 목사님도 나도 크게 놀라지 않을 수 없었다. 더군다나 그 당시 히라노 상은 49세, 마키 상은 33세로 나이 차이도 많았고 히라노 상은 고졸 학력의 노숙인 출신인데 비해 마키 상은 정상적인 가정의 귀한 따님으로 대졸자였다.

나이도, 학력도, 가정환경도 잘 맞지 않아 김 목사님도 나도 선뜻 찬성할 수가 없었다. 김 목사님은 결혼이란 간단하게 생각하면 안 되고, 평생을 함께해야 하기 때문에 깊이 생각해야 하며 무엇보다 하나님께 묻고 결정해야 한다고 설명한 뒤 함께 기도해 보기로 했다. 얼마 후 두 사람은 기도해 보았는데 결혼하라는 응답을 받았다고 했다.

13년 전부터 나니와교회에서 신앙생활을 한 마키 상은 1년간은 우리 집에서 함께 가족으로 생활했기에 우리에게는 딸 같은 존재다. 마키 상은 요즘 젊은이들과는 다른 면이 있다. 천사처럼 마음이 착하고 순수하며 노숙인을 가족처럼 사랑하는 예수님을 닮은 딸이다. 그 점에 있어서 나는 늘 마키 상을 본받고 싶다. 그런 마키 상이기에 한때 노숙인이었던 히라노 상과 결혼할 결심을 했다고 생각한다.

마키 상의 부모님이 과연 허락해 주실지 걱정했으나 그 부모님 또한 대단하신 분들이었다. 결혼은 본인들의 생각이 가장 중요하다며 전적으로 두 사람의 결정에 따르겠다고 하셨다. 부모님의 허락이 떨어지자 우리는 성도들에게 두 사람의 결혼을 알렸고, 모두가 협력해 결혼식을 준비하게 되었다.

그런데 두 사람의 결혼 소식을 알리자, 나니와교회 남자 성도들의 표정이 갑자기 굳어졌다. 모두가 '닭 쫓던 개 하늘 쳐다 보는듯

한' 표정이었다. 모든 남 성도들의 마음 속 연인이었던 마키 상이 히라노 상과의 결혼을 선언하자 마치 자신들의 연인을 빼앗긴 것 같은 기분이 들었던 것 같았다. 갑자기 분위기가 썰렁해지면서 남자 성도들의 태도가 심상치 않았다. 결혼식 준비를 위해 일을 분담하자고 해도 모두들 비협조적이었다. 김 목사님과 나는 난감했다.

그런 가운데 2013년 6월 29일로 결혼식 날짜가 정해졌다. 나니와교회당에서 식을 거행하기로 결정됐다. 시간이 흐르면서 남자 성도들도 흥분을 가라앉히고 조금씩 협력하기 시작했다. 교회당 청소부터 식장 꾸미기, 피로연 음식 마련, 신랑신부 드레스 준비 등 온 교회가 결혼식 준비로 분주했다. 나니와교회가 세워진 이래 처음 거행되는 결혼식으로 특히 나니와교회 성도끼리의 결혼식이었기에 우리에겐 참으로 의미있고 특별한 결혼식이었다. 결혼식에는 마키 상의 부모 형제 친척 친구들이 모두 참석했지만 히라노 상 측에서는 아무도 오지 않았다.

김 목사님과 내가 히라노 상의 부모를, 나니와교회 성도들이 히라노상의 가족을 대신했다. 교회당이 가득 메워진 가운데 결혼식이 거행되었다. 조촐했지만 그 어느 결혼식보다 아름답고 귀한 결혼식이었다.

어느덧 결혼 5주년이 지난 히라노 상 부부는 예수 그리스도 안에서 너무도 행복하고 아름답게 잘 살고 있다. 히라노 상은 양로원에서 노인들을 섬기는 일을 하고 마키상은 나니와교회가 경영

하는 복지회사의 경리로 근무하고 있다. 둘 다 나니와교회 집사로서 앞으로 나니와교회를 짊어지고 나갈 촉망되는 일꾼이다. 두 사람을 우리 교회로 보내 주시고 또한 하나로 묶어주신 하나님께 감사드린다.

이렇듯 우리 교회 성도님들은 대부분 '노숙'이라는 가장 낮은 자리에서 배가 고파 교회를 찾았다가 예수님을 만난 분들이다. 생각해 보면 낮아진 것이 오히려 축복이었다. 이들이 가난하고 낮아지지 않았더라면 교회에 올 수도, 천국을 소유할 수도 없었기 때문이다.

"심령이 가난한 자는 복이 있나니 천국이 저희 것임이요"(마 5:3)

지난 20년은 바로 마태복음 5장 3절에서 예수님이 하신 그 말씀을 내 눈으로 목도한 은혜의 시간이었다. 어느 날, 내게 주어진 벽돌 조각들을 밖으로 던져버리지 않고 소중히 여기며 차곡차곡 쌓아나가다 보니 아름다운 집이 되었다. 세상적으로는 피와 땀과 눈물로 점철된 지난 20년이었다. 그러나 낮은 자리에서, 소외된 노숙자들의 친구와 형제로 지낸 지난 20년이야말로 주님이 주신 우리 인생 최고의 나날이었음을 고백한다. 주님은 우리의 피와 땀, 눈물을 지켜보셨다. 우리는 지난 세월 동안 세상 누구도 우리 이야기를 듣지 않고, 우리 사역을 보지 않고, 우리 마음을 느끼지 않았을 것 같아 외로워하기도 했다. 그러나 주님의 귀는 듣고 계셨고, 주님의 눈은 보고 계셨으며, 주님의 마음은 우리와 함께 울고 계셨다. 주 예수 그리스도가 동행하고 계셨다. 그래서 우리가 여기까지 온 것은 전적으로 주님의 은혜다. 그렇다. 모든 것이 은혜다! 우리의 지난 20년의 여정은 주님과 함께 한 동행여정이었다. 앞으로도 주님을 만날 그날까지 우리의 동행 여정은 지속될 것이다.

누가 뭐라 해도 나는 우리 나니와교회 성도님들을 사랑한다. 그들을 위해 내 생명까지도 던질 수 있다. 그들은 우리의 기도와 눈물로 낳은 영적인 자녀들이기 때문이다. 진흙탕 속에 더럽혀져 있던 보석들을 찾아 예수님의 보혈로 씻어내니 너무나도 아름다운 빛이 발하게 됐다. 사도 바울이 자신이 낳은 영의 자녀들을 향해 "나의 자랑, 나의 면류관"이라 했듯이 우리 성도님들 또한 나의 자랑이요, 면류관이요, 보석들이다. 이토록 귀한 성도들을 붙여주신 하나님께 감사와 영광을 돌린다.

2. 나니와교회와 나

김성태 목사

내가 일본에 가서 살게 될 것이라는 소식을 처음 부모님으로부터 듣게 된 것은 초등학교 4학년 때였다. 친근한 사람들과 환경을 떠나 새로운 곳으로 간다는 것은 나에게 받아들이기 어려운 일이었던 것 같다. 나는 부모님과 떨어져 살더라도 한국에 남고 싶다고 답했다. 그러나 부모의 보호가 한참 필요한 시기에 있었던 나의 의견은 받아들여지지 않았다. 결국 일본행을 앞두고 외할아버지 댁이 있는 전주로 가서 1년을 살아야 했다. 전주에서는 1년이

라는 기한을 두고 학교생활을 해야 했기에 친구들을 깊게 사귀지 못했던 것이 아쉬웠다. 방과 후에는 어머니와 동생과 함께 일본어 학원에 다녔다. 히라가나, 가타카나를 배우고 자기소개와 같은 기본적인 회화를 중심으로 배웠던 것으로 기억한다. 시간이 흐르고 일본으로 가는 날짜가 가까워졌다. 당시 한국에서는 일본에 대한 부정적 이미지가 많았다. 친구들은 내가 일본에 가면 분명히 '이지매'(따돌림)를 당할 것이라고 말했다. 새로운 나라에서의 생활은 나에게 두려움으로 다가왔다.

　태어나서 처음으로 비행기를 타고 일본에 도착했다. 초등학교 5학년생이었던 나에게 일본은 신기한 것들로 가득한 나라였다. 편의점이나 레스토랑에서 판매되었던 아기자기한 장난감들이 당시의 내 마음을 설레게 했던 기억이 남아 있다. 일본에서 우리 가족이 처음으로 생활했던 지역은 오사카에 있는 아와자라는 곳이다. 높은 빌딩과 고가도로가 많은 도시의 중심지였다. 아와자에는 아버지가 목회자로 부임하게 된 교회가 있어 그곳에서 우리 가족은 생활하게 되었다. 아와자에서의 생활은 나에게 여행 온 것 같은 기분을 주었다. 길거리를 걸어 다니고 마트에 가는 일이 그저 신기하고 재미있었다. 그런 기분 속에 있었던 나는 교회 안에서 어떤 일이 일어났는지 전혀 이해하지 못했다. 아와자에서 생활한지 얼마 안 되는 어느 날, 갑자기 '다른 집으로 이사를 가야한다'는 소식을 들었다. 나는 그때서야 부모님과 성도님들 사이에 어떤 안 좋은 일이 있었고, 그 결과로 부모님의 표정이 어두워졌다는 사실을 깨닫게 되었다.

새롭게 이사를 간 곳은 같은 오사카의 스미노에라는 지역이었다. 이곳은 아와자와는 달리 도심에서 떨어진 한적한 주택가였다. 전형적인 일본의 주택들이 모여 있는 동네였다. 우리 가족은 스미노에에서 4월을 맞이했다. 4월은 일본의 모든 학교가 시작되는 달이다. 나와 동생은 일본에서 처음으로 학교(일본공립초등학교)에 가게 되었다. 한국에서 다녔던 일본어학원에서의 학습은 실제로 일본 생활을 하는 데에 거의 도움이 되지 않았다. 6학년을 시작하는 나에게 언어의 벽은 높았고 일본 아이들이나 선생님들이 한국인인 나를 어떻게 대할지 몰라 몹시 불안했다. 그러나 그런 불안은 학교 정문에 도착하는 순간부터 줄어들게 되었다. 처음으로 등교하는 한국인 학생을 교감 선생님과 담임 선생님이 정문 앞까지 나와 환한 미소로 반겨준 것이다. 언어는 다 이해하지 못하지만 우리를 환영하고 있다는 사실을 표정으로 느낄 수 있었다. 나와 동생은 그날 전교생이 모인 조례시간에 소개되었고 그날부터 수많은 학생들이 내 자리를 찾아와 한국말로 인사하고 교실을 이동할 때마다 친절하게 안내해주었다. 내가 갖고 있던 일본에 대한 안 좋은 이미지는 학교 생활을 하면서 깨지게 되었다. 입학 직전까지 일본에서의 학교 생활을 불안해했던 우리 가족의 기도를 하나님께서 들어주셨다고 믿는다.

학교 생활에 적응하고 언어도 빠른 속도로 습득해가면서 방과 후에 친구들 집에 놀러가는 일이 많아졌다. 당시 주로 남자아이들 사이에서 유행했던 놀이는 비디오게임과 미니카 경기였다. 친구들은 다양한 게임기와 소프트(게임팩)를 비롯해 미니카도 여러 대 갖고 있었다. 초등학생이었던 나는 그런 것들이 너무 갖고 싶었다. 그러나 우리 집은 그런 것들을 사달라고 부모님께 말할 수 있는 형편이 안 되었다. 학교에서 필요한 준비물을 구입하는 것도 힘이 들 때가 있었고 길 가다가 자판기에서 음료수를 빼먹는 일도 사치였다. 일본에서 처음으로 겪은 아픔은 물질적으로 가난하다는 것이었다. 학교에서 집으로 돌아오면 늘 부모님이 집에 계셨다. 두 분은 대부분 찬양을 하거나 성경을 읽고 계셨던 것으로 기억한다.

어머니는 우리 가정이 처한 상황을 나와 동생에게 숨기지 않고 말해주었다. 집세를 내야하고 음식을 사야하고 학교 준비물도 사야하는데 돈이 없다는 것이다. 그렇기 때문에 같이 기도해야 한다고 말하였다. 그 당시 나는 '돈이 없으면 일을 해야 한다'는 발상을 하지 못했던 것 같다. 그저 어머니의 말을 듣고 '우리는 가난하고 이 문제를 해결하기 위해서는 기도해야 한다'라는 생각을 자연스럽게 하게 되었다. 친구 집에 놀러가서 많은 게임기와 미니카를 보고 텅 빈 내 방에 오면 '왜 나는 가난해야 하나?'라는 의문이 생겨 우울해졌다. 그럴 때 마다 이불을 넣는 공간(오시이레)에 들어가 눈물을 흘리며 기도했던 일을 지금도 생생하게 기억하고 있다. 그전에 한국에서 교회를 다니며 수없이 기도 했지만 당장 내일 필요한 것들을 위해 기도를 했던 경험은 없었다. 그러나 비록 넉넉하게 갖고 싶은 것들을 다 얻지는 못했으나 하나님께서는 우리 가족이 굶지 않도록, 학교에 가지 못하는 일이 없도록 필요를 채워 주셨다. 이 사실은 '하나님은 내 기도를 정말로 들어주시고 응답해 주시는 분'이라는 하나님의 성품을 마음에 새기게 하였다. 일본에서 처음으로 겪었던 아픔은 '생존을 위한 기도'를 배우는 기회를 주었다.

부모님은 마냥 집에서 기도와 찬양만을 하시지 않았다. 언제부턴가 학교를 마치고 집에 오면 두 분은 자전거를 타고 어딘가에 나가셨다. 그런 날이 반복되었고 어느 날 아버지는 낯선 노인 한 명을 집으로 데려왔다. 그 노인은 몸을 자유롭게 움직일 수 없었고 식사도 스스로 할 수 없는 분이었다. 나중에 알게 되었는데 그 노인은 중풍을 앓고 있었다. 충격적인 사실은 그 노인이 잠시 있다가는 손님이 아니라 그날부터 우리와 함께 생활하게 되었다는 것이다. 그러나 이 일은 시작에 불과했다. 부모님이 날마다 자전거를 타고 가셨던 곳은 일용직 노동자들과 노숙자들이 가장 많이 모여 있는 가마가사키라는 지역이었다. 이 노인이 우리 집에 온 이후로 주일마다 집에서는 낯선 한국인 남자들이 모여 예배를 드리기 시작했다. 부모님이 함께 있었기에 무섭지는 않았지만 신발을 벗고 들어 올 때 나는 악취는 그분들에 대한 나의 인상을 좋지 않게 만들었다. 몇 개월 후, 이런 사람들이 집에 오고가는 횟수는 늘어갔고 결국 우리 가족은 다시 이사를 하게 되었다. 오사카에 있는 사쿠라가와라는 곳에 교회로 사용할 수 있는 건물을 얻게 된 것이다.

나와 동생은 일본에 온지 얼마 안 되어 전학을 하게 되었고 6학년의 반절을 그곳에서 보내게 되었다. 사쿠라가와에서는 방과 후에 친구들을 집으로 불러 같이 노는 일이 생기기 시작했다. 그러나 큰 문제가 있었다. 교회 건물 안에 우리 가족의 생활공간이 있었기 때문에 집으로 들어 갈 때 친구들이 교회에 출입하는 허름한 옷차림의 낯선 외국인 남자들을 보는 것이었다. 그들의 일본어에는 한국인 특유의 발음이 있었고 몸에서는 냄새가 났다. 그들의 자전거에는 온갖 잡동사니들이 실려 있었다. 우리 집에 놀러오는 친구들은 늘 나에게 "왜 너희 집에는 항상 거지들이 모여 있니?"라고 물어왔다. 나는 그럴 때마다 너무나 부끄러웠고 교회 문 앞에 아무도 없는 것을 확인하고 친구들을 집에 들이곤 했다. 이 시기부터 부모님이 한국인 노동자들을 대상으로 목회를 시작한 것이었다. 저녁에 식사를 할 때면 아버지가 그날 있었던 성도들로 인한 문제와 고민을 얘기하곤 했다. 항상 문제를 일으키고 교회에 와서 뭔가를 얻기만을 바라는 사람들을 왜 계속 상대해야 하는지 나는 부모님을 이해할 수 없었다. 그저 다른 친구들처럼 평범하게 살고 싶었다.

일본에 온 이후 세 번째 지역이었던 사쿠라가와에서는 행복한 경험이 있었다. 거기서 초등학교를 졸업하고 중학교에 입학하게 된 것이다. 한국에 있을 때에도 전학을 많이 했고 일본에서도 짧은 기간에 전학을 하게 되어 친구들을 오래 사귀지 못했는데 초등학교를 졸업한 친구들과 같이 중학교를 갈 수 있다는 것은 나에게 행복한 일이었다. 새롭게 시작되는 환경이지만 혼자가 아니고 같은 지역에서 초등학교를 다녔던 친구들과 함께 할 수 있다는 것이 너무나 감사했다.

일본의 대부분의 중학생들은 학교에서 클럽활동을 한다. 축구, 배구, 농구 등의 운동클럽과 브라스밴드, 미술, 서예 등의 문화클럽이 있다. 나는 탁구부에 들어갔고 나름 열심히 방과 후에 연습했다. 연습한 성과를 발휘할 수 있는 기회는 경기에 참여하는 것이다. 그러나 나는 거의 경기에 나갈 수 없었다. 대부분의 경기는 주일에 열렸기 때문이다. 부모님께 주일날 경기에 갈 수 있게 허락해 달라고 몇 번이고 부탁했지만 결국 단 한 번도 가지 못했다. 다른 아이들과 똑같이 하는 것이 최고라고 생각했던 시기였기에 친구들은 아무도 안가는 교회에 나만 매주일 가야 한다는 사실이 처음으로 싫게 느껴졌다. 당시 나에게는 같은 또래의 믿음의 친구가 없었다. 학교에서 기독교인 학생은 언제나 나 혼자였다. 중학교 입학 이후 친구들과 보내는 시간이 늘어나게 되었고 친구들로부터 받는 영향이 그리스도인으로서의 나의 정체성과 충돌하게 된 것이다. 이런 고민이 있었기에 일본 사회 변두리의 가지각색의 사람들인 교회 성도들은 우리 가족을 힘들게 하는 존재로 밖에 보이지 않았다.

고민이 많았던 중학 시절에 또 다른 어려움이 찾아왔다. 같이 입학해서 2년을 함께 해 온 친구들과 다시 헤어져야 했던 것이다. 부모님은 본격적으로 노숙자들과 일용직 노동자들을 대상으로 목회를 하기로 결정하셨다. 사역을 위해 니시나리라는 지역으로 이사를 가야하는 상황이 되었다. 나는 또 새로운 환경에서 혼자 적응해야 한다는 사실을 받아들이고 싶지 않았다. 그러나 결국 전학을 가게 되었고 중학교 3학년부터 새로운 학교에 다니게 되었다.

니시나리라는 지역은 사쿠라가와하고는 조금 달랐다. 비교적 가난한 가정의 비율이 높았고 중학교 주변에는 적지 않은 재일동포들이 살고 있었다. 전학을 가서 놀랐던 점은 반에 한국 이름을 가진 학생이 여러 명 있었다는 것이었다. 이전에는 언제나 친구들에게 '김성태'라는 이름은 특이했다. 친구들은 나를 일본식으로 "김군"이라고 불렀다. 그러나 이 학교에서는 한국 이름을 가진 학생들이 많았기 때문인지 선생님과 학생들은 나를 처음 봤을 때부터 "성태"라고 친근하게 불러주었다. 그동안 나는 일본인과 모든 것을 똑같이 하려 노력하며 지내왔고 그것이 당연하다고 생각했다. 그러나 이곳에서는 내가 갖고 있는 한국인으로서의 정체성과 문화를 더욱 보여주기 원했다. 나는 중학교 졸업식에서 몇 명의 친구들과 함께 검은 일본 교복이 아닌 밝은 색의 한복을 입고 졸업장을 받았다. 내 이름이 호명될 때 "하이"라는 일본어 대신 "네"라고 한국어로 대답했다. 나는 이 학교에서 처음으로 일본에서 외국인으로서 살아가는 재일동포들의 아픔과 갈등, 그리고 스스로의 문화를 자랑스럽게 여기며 살아간다는 것이 무엇인지 알게 되었다. 이 경험은 이후의 나의 삶의 중요한 토대가 되었다.

한편, 새롭게 니시나리로 이전한 교회에는 일본인 노숙자들이 몰려오기 시작했다. 노숙자들이 거주하는 공원에서 야외 배식을 하고 매주 목요일마다 그들을 교회로 초청해 전도 집회를 하고 식사를 제공했기 때문이다. 그러나 감사하게도 이전한 교회는 우리가 생활했던 집과 떨어져 있었다. 일본에서 처음으로 교회와 떨어진 집에서 생활할 수 있게 된 것이다. 교회에 오는 노숙자의 수는 전과는 비교할 수 없을 정도로 늘어났지만 집에 있을 때 개인적인 공간과 시간이 보장될 수 있다는 것이 너무나 감사했다.

나는 중학교 입학 이후 신앙적 정체성의 고민을 계속 갖고 있었다. 가장 큰 어려움은 함께 신앙을 나눌 수 있는 친구가 없다는 것이었다. 그러나 교회가 니시나리로 이전한 후 새로운 만남이 생기기 시작했다. 교회가 노숙자를 대상으로 예배를 드리고 식사를 제공한다는 이야기가 여러 사람들을 통해 한국의 교회에도 알려지게 된 것이다. 어느 때 부터인지 정확히 기억할 수 없지만 여름과 겨울의 방학 기간이 되면 한국교회에서 청년들과 학생들이 단기선교를 오기 시작했다. 우리 교회에 있는 젊은 사람은 나와 동생뿐이어서 자연스럽게 선교 팀이 오면 다양한 일을 돕게 되었다. 함께 예배하고 노숙자들을 위한 사역을 준비하며 밤늦게까지 선교의 의미를 나누는 경험들은 나에게 새로운 세계를 체험하게 해 주었다. 비록 언제나 짧은 만남이었지만 신앙의 친구가 없었던 나에게 한국에서 온 같은 또래의 그리스도인들은 큰 위로와 도전을 주었다. 그런 만남 중 한 팀과 함께 드렸던 예배와 그 안에서 선포된 말씀이 나의 마음을 뜨겁게 만지는 일이 있었다. 그 말씀은 나의 삶의 가치관을 재구성하게 하였고 나는 예배 후 기도시간에 처음으로 눈물이 멈추지 않는 체험을 하게 되었다. 일련의 체험은 며칠 후 나의 마음과 입술을 움직였고 나는 가족 앞에서 '목회자의 길'을 걷고 싶다는 고백을 했다. 부모님은 오래 전부터 내가 목회자가 되기를 바라는 무언의 압박을 주고 있었지만 나는 항상 그것을 부인했었다. 대학 진학을 앞두고 몇 번의 우여곡절이 있었지만 내 입술에서 한 번 나온 진실한 고백은 결국 나를 신학교로 이끌어 갔다.

신학교 입학이라는 내 인생의 이벤트는 교회를 바라보는 나의 눈을 완전히 새롭게 만들었다. 그동안 나에게는 집과 교회의 구분이 없었기에 객관적으로 교회를 볼 기회도 없었다. 그러나 신학생이 된 이후 나는 처음으로 부모님이 없는 교회에 '신학생'(교육전도사)이라는 타이틀을 갖고 가게 되었다. 나를 향한 성도들의 기대가 느껴졌고 때로는 나의 타이틀에 맞지 않는 경솔한 행동에 대한 질책을 받기도 했다. 처음으로 아이들에게 설교를 하게 되었고 성경과 신앙생활에 대하여 내가 어떤 메시지를 전할 수 있는지 고민하기 시작했다. 이런 모든 경험은 그동안 집과의 구분 없이, 특별한 생각 없이 지내왔던 나의 모교회(나니와교회)를 새로운 눈으로 보게 하는 계기가 되었다.

내가 신학생, 전도사로 있었던 교회들은 재일대한기독교회(KCCJ)의 교회 중 재일동포들이 대다수인 교회였다. 중학교 3학년 때의 경험은 나에게 재일동포의 아픔을 이해할 수 있는 밑거름이 되어 주었고 성도들의 이야기를 듣고 함께 먹고 마시면서 더욱 그들을 알아갈 수 있었다. 그러나 한국에서 온 내가 재일동포들과 같은 민족의 아픔을 나누고 함께 신앙생활을 하는 일에는 한계가 있었다. 그 이유는 그들에게 아픔을 주었던 사람들, 즉 일본인들을 향해 복음을 전하고 예수의 사랑을 실천해야 했기 때문이다. 재일대한기독교회에 속한 대부분의 교회는 재일동포들과 한국에서 온 새로운 사람들을 대상으로 선교를 하고 있다. 어쩌면 이것이 재일대한기독교회의 정체성일지도 모른다. 그러나 나니와교회는 이 교단 안에 속하면서도 일본인들에게 복음을 전하는 일에 주력하고 특히 일본 사회에서 소외된 노숙자들에게 주 예수 그리스도를 전하고 있다. 나는 왜 부모님이 교회에 병든 사람과 냄새나는 일용직 노동자들, 늘 받기만을 원하는 노숙자들을 불러들이는지 이해하지 못했었다. 그러나 시간이 흐르면서 많은 사람들과의 만남을 통한 배움과 새롭게 깨닫게 하시는 성령의 인도하심을 통해 이제는 왜 그렇게 해야만 했는지 이해할 수 있을 것 같다.

일본이라는 나라로 나를 불러 이 땅에서 외국인으로서의 삶을 살아가게 하신 하나님께서 선지자 예레미야를 통해 말씀하신다.

"너희는 내가 사로잡혀 가게 한 그 성읍의 평안을 구하고 그를 위하여 여호와께 기도하라 이는 그 성읍이 평안함으로 너희도 평안할 것임이라"(렘 29:7)

'하나님께서 가게 하신 그 땅' 일본에서 나니와교회는 그 존재의 의미를 찾으며 이곳저곳 이전하며 여기까지 왔다. 가는 장소마다 새로운 사람들을 품게 하셨고 결국은 우리 민족에게 잊지 못할 아픔의 역사를 남긴 일본이라는 그 성읍을 바라보게 하셨다. 그 성읍의 변두리에서 관심을 받지 못하고 소외된 사람들을 섬기는 일은 분명 그 성읍의 평안을 구하는 일이 될 것이며 이 일은 하나님의 경륜 안에서 우리 민족 또한 평안하게 하는 통로가 될 것이라 믿는다.

나니와교회 사랑의 집은 앞으로도 오직 주님의 사랑으로
일본의 잃어버린 영혼들을 위해 달려갈 것이다

3. 일본 선교와 나니와교회
-예수님을 생각나게 하는 교회

|

황예레미야 목사 (순회선교사, 그나라 대표)

1. 쉬운 선교는 없다

1) 하나님은 선교에 모든 것을 거셨다

    선교는 역사 속에서 단 한 번도 포기된 적이 없는 세상을 향한 삼위일체 하나님의 지상 최대의 계획이다. 하나님은 '하나님의 선교'를 친히 수행하시는 '선교의 하나님'이시다. 예수님은 이 세상을 구하시기 위해 역사 속에 파견된 구원자이며 동시에 첫 선교사였다. 이 땅에서의 모든 임무를 마치고 하늘 보좌로 복귀하기 전 예수께서 그의 동지들에게 남긴 최후의 분부도 "땅 끝까지 이르러 복음의 증인이 되어 모든 민족을 구하라"는 선교 대위임이었다. 그리고 예수님의 승천과 동시에 세상에 파견된 보혜사 성령께서 수행하시는 가장 중요한 일도 역시 예수님께서 역사 속에 드러내신 하나님의 나라를 이 세상에서 복원하며 예수님께서 행하신 그 위대한 구원사역을 지속하는 것이었다.

    초기 교회 공동체의 선교적 증언의 가장 중요한 본문이었던 요한복음 3장 16절에 의하면, 하나님은 난파당한 세상을 구하기 위해 하나뿐인 그 아들을 선교사로 만드신 분이셨다. 하나님은 세상을 구하시기 위해 엄청난 대가를 지불하신 것이 아니라 당신의 모든 것을 거셨다. 선교는 그런 것이다. 하나님은 도대체 왜 그렇게까지 하셨을까? 성경의 답변은 매우 담백하다. 세상을 향한 하나님의 사랑 때문이라는 것이다. 하나님께서는 세상을 너무나 사랑하셔서 이 세상을 구하기 위해 독생자까지 내어주신 것이었다. 모든 것을 거실 만큼 사랑하셨다는 것이다. 이는 깨어진 한 사람 한 사람을 향한 편견 없는 사랑으로 구체화되었다. 세상을 향한 기독교의 가장 중요한 증언의 핵심인 '예수 구원'은 '하나님 사랑'에 철저히 기초하고 있는 것이다.

2) 쉬운 선교는 없다

그렇다. 쉬운 선교는 없다. 선교도 목회도 사랑이 안 되면 불가능하다. 선교는 인간의 일이 아니라 하나님의 일이다. 그래서 어렵다. 선교의 표준 모델은 예수님의 삶과 사역이다. 선교사의 원본은 바울도 아니요, 윌리엄 캐리와 같은 위대한 선교사들도 아니다. 선교의 기준, 선교의 표준 모델은 바로 '예수님의 선교'이다. 우리는 그동안 원본을 카피하기 보다는 복사본을 카피하고 또 카피하다가 어느덧 선교의 원본에서 너무 멀어져 버렸다. 첫 선교사로서 "너는 나를 따르거라"고 요구하신 예수님이 몸소 보여주신 선교사로서의 삶과 사역은 우리가 범접하기 어렵다. 그것은 당연하다. 선교에서 '무엇을 하느냐' '어떻게 하느냐'도 중요하지만 '수행하는 이가 누구냐'라는 것도 매우 중요하다. 선교적 행위 못지않게 중요한 것이 바로 선교적 존재다. 행위 이전에 존재다. 그래서 어렵다.

또한 희생 없는 사랑이 거짓이듯이 선교에는 희생이 동반된다. 하나님의 나라는 거룩한 희생을 통해서만 확장된다. 상당한 희생을 각오해야 하는 것이 아니라 주님께서 본을 보이셨듯이 전부, 즉 선교 수행자의 전 생애와 심지어 사랑하는 가족의 운명까지도 모두 걸어야 하는 길이다. 그래서 쉬운 선교는 있을 수 없다. 예수님의 하나님 나라 선교 활동을 가장 전략적으로 추적한 누가복음에 따르면, 선교에는 하나님 나라의 가치와 전략, 고도의 전문성이 요구되지만 무엇보다 가장 중요한 것은 성육신의 삶과 십자가이다. 더군다나 21세기에 들어 세계선교는 그 어떤 시대보다 거친 강을 만나고 있다. 남은 선교 과업이 수행되어야 하고, 선교적 돌파가 일어나야 할 지역들은 이제 좀처럼 선교하기 어려운 지역들 뿐이다.

3) 더 어려운 일본 선교

특히 일본은 선교를 합법적으로 수행할 수 있음에도 선교가 무척 어려운 지역을 대표하는 곳이다. 많은 이들이 일본을 '선교사의 무덤'이라고까지 표현한다. 그렇지 않아도 선교는 어렵고, 또 선교하기 어려운 시대임을 감안하면 일본 선교를 바라보는 마음은 더욱 안타깝다. 선교 역사에 비해, 그리고 사역자들의 고군분투에 비해 열매가 현저히 적다. 가가와 도요히코, 우찌무라 간조와 같은 20세기 세계 기독교를 대표할 만한 분들이 있었음에도 불구하고 현재 일본 선교의 현주소는 매우 열악하다. 역사 속에서 겪어야했던 상상을 초월하는 국가적인 박해와 이로 인한 진통은 여전히 많은 국민들의 의식 속에 유효하게 작동되고 있고, 기독교에 대한 반감과 오해는 아직도 상당하다. 일본의 전통적 종교적 신념은 여전히 강력하며 그들만의 견고한 집단의식 역시 기독교 신앙에 대한 수용성을 인색하게 하고 있다.

이렇게 선교가 쉽지 않은 이곳에서 설립 초기부터 지난 20여 년간, 가족에게조차 돌아갈 수 없는 홈리스들을 사랑하며 가장 가난하고 고독한 이들을 섬기는 사명에 충실해온 나니와교회는 우리 모두의 주목을 끌기에 충분하다. 선교적 교회로서 세계 교회에 주는 감동은 더욱 고무적이다. 그동안 순명을 바쳐 일본 선교에 헌신해온 김종현 목사님과 그 가족, 사랑의 집의 모든 사역을 함께 동역해온 일본의 헌신적인 지도자들의 아름다운 수고와 리더십은 감동적이다. 그러나 우리가 가장 주목하는 것은 지난 20여 년간 이 그늘지고 불행한 땅에서 그 많은 위기와 어려운 여건 속에서도 선교를 수행해 오신 삼위일체 하나님이시다. 모든 감사와 영광을 받으셔야 할 분이 바로 하나님이심을 우리 모두가 일치된 마음으로 고백해야 한다.

1) 성육신적 선교의 모델을 보여주었다

예수님의 우선적 선교대상은 하나님의 구원을 도저히 기대할 수 없는 사람들로 간주됐던 공적 죄인들(세리, 창기)과 하루하루 힘겨운 삶을 영위하던 가난하고 소외된 서민들이었다. 당시 사회의 갖가지 종교적·정치적·경제적 특권으로부터 소외된 이들(여인들, 어린이들, 병자들, 무식꾼, 가난뱅이, 포로, 죄수, 불구자, 귀신들린 자, 채무자 등)은 자신을 변호할 능력도 없고 아무런 기대와 희망도 바랄 수 없는 이들이었다. 그리하여 최후의 보루로서 야훼 하나님의 도움에만 의지할 수밖에 없는, 절망 가운데 살아가는 사람들이었다. 예수님은 바로 이들의 친구가 되셨고, 이들에게 새 삶을 선사했다. 거침없이 경계를 넘어서는 예수님의 파격적인 삶과 사역은 모두 하나님 이해에 기인한 것이었다. 하나님은 죄인들에게도 자비로우신 아버지, 즉 사랑 그 자체셨다. 성육신의 선교란 바로 하나님의 끝없는 사랑의 총체적 구현이었다.

갈 곳 없는 한 노숙자와 함께 시작된 나니와교회가 창립 20주년을 넘어 30주년을 향해 가고 있다. 지난 20여 년의 여정과 사랑의 집 사역을 통해 보여준 나니와교회의 핵심 목회 가치는 바로 '사랑'과 '복음'이었다. 나니와교회는 하나님은 사랑이시요, 교회는 사랑의 공동체며, 복음 전파는 철저히 사랑의 실천에 기인해야함을 보여주었고, 삶의 희망을 잃어버린 이들을 끊임없이 복음으로 초청했다. 이는 예수께서 몸소 보여주신 선교적 삶과 사역의 핵심 내용이기도 하다. 한 마디로 성육신적 선교다. 나니와교회의 지난 20년은 성육신의 선교를 몸소 수행하신 예수님의 선교를 21세기에 그대로 복원해내고자 몸부림쳐온 시간이었다고 생각된다. 나니와교회의 지난 여정은 예수님의 사랑을 온전히 실천하는 성육신적 선교라고 할 수 있다. 그야말로 시대를 초월하여 가장 감동적이고 영향력 있는 선교적 방안으로 우리에게 도전을 주고 있다고 하겠다.

2) 선교적 교회의 모델을 보여주었다

지난 2천년 기독교 선교 역사에 대한 반성과 교회에 대한 새로운 대안으로 최근 선교적 교회가 주목을 받고 있다. 선교적 교회는 그동안 자기 자신만을 위해 존재해온 폐쇄적인 교회의 모습을 반성하고, 세상의 소금과 빛으로서 그 존재 방식을 철저하게 탈바꿈하여 세상의 구원을 위해 복무하는 공공성의 회복을 강조하고 있다. 특히 한국교회의 경우, 어느 특정한 신학적 색깔만을 강조함으로 균형을 잃어버리거나 교회성장이라는 세속적 이데올로기에 사로잡혀 교회가 추구해야 할 온전한 선교적 사명을 상실한 교회들로 인해 아픔이 크다. 또한 지나치게 복음을 개인의 영성과 개교회 중심으로 환원해서 하나님 나라의 신학과 교회의 공공성을 놓쳐버린 교회들로 인해 교회의 신뢰도는 심각한 상황에 직면하고 있다.

나니와교회는 선교적 교회의 좋은 모델이다. 나니와교회는 하나님 나라의 신학과 십자가의 영성, 성령의 능력을 갖춘 공동체를 지향해왔다. 또한 성령운동, 복음주의, 에큐메니칼 신학이 자연스럽게 융합된 목회 지도력을 보여준 그리 많지 않은 사례에 속한다. 창립 때부터 태생적으로 공동체성과 공공성, 공교회성을 추구하는 선교적 교회로서 지역 사회의 가장 심각한 통증이었던 홈리스 문제를 회피하지 않고 교회의 모든 역량을 쏟아왔다. 그간의 책임 있는 응답은 이제 지역에서 그 역할을 주도하는 자리에 이르렀다. 또한 '사랑의 집 운영위원회'는 고질적인 개교회주의와 교파주의를 극복하고 선교협력의 이상적인 모델을 보여 주었다. 나니와교회의 지난 20여 년을 한 마디로 요약하는 것이 가능하다면 가장 적합한 표현은 바로 '예수님을 생각나게 하는 교회'라고 생각한다. 나니와교회 지난 20여 년은 많은 이들에게 '이것이 교회구나. 이것이 선교구나'라는 확신을 주고 있다.

3) 돌아보면 모든 것이 하나님의 은혜였다

자유와 해방을 향한 위대한 여정에 나선 출애굽 공동체는 40년간 광야를 돌파해야 했다. 여기엔 가장 솔선수범해서 순명을 다한

지도자 모세가 있었고, 신실하고 충성된 종이었던 갈렙과 여호수아도 있었다. 그리고 무수한 천부장, 백부장, 오십부장, 십부장 등 헌신된 사역자들이 있었다. 이 모든 이들의 수고는 결코 적지 않았다. 그러나 광야 40년은 돌아보면 하나님의 현존이었고 역사 그 자체였다. 광야는 인간의 무능과 연약함이 철저히 폭로되어버린 곳이었지만 동시에 하나님의 신적 권능이 유감없이 발휘된 곳이었다. 만나와 메추라기, 불기둥과 구름기둥의 일상적 진두지휘가 없었다면, 홍해와 요단강이 갈라지고, 반석에서 물이 샘솟고, 반복된 위협과 누적된 피로와 내분 속에서 지속적인 하나님의 개입이 없었다면 광야 40년은 불행한 역사로 끝났을 것이다.

나니와교회의 지난 20여 년도 마찬가지다. 돌아보면 모든 것이 하나님의 은혜였다. 1996년 5월에 김종현 목사님이 일본으로 오게 된 것도, 그렇게 부임한 교회에서의 배반과 상처를 극복할 수 있었던 것도, 한 달간의 금식기도 후 환희 속에 새로운 비전을 주신 것도, 1997년 6월 니시나리 노동센터에서 불법 체류하다가 중환자실에 입원해 있던 한 형제를 만나게 하신 것도, 1997년 7월 6일 스미노에구에 있는 작은 아파트에서 창립예배를 드릴 수 있었던 것도, 50만 엔으로 사쿠라가와에 있는 3층 건물을 리모델링 하고 3층 건물을 예배당으로 사용할 수 있었던 것도, 울산의 한 자매님이 보내온 30만 엔으로 차량을 구입하게 된 것도, 1999년 12월 니시나리공원 옆으로 교회를 이전할 수 있었던 것도, 2000년 3월 15일 그렇게 기도해 온 전도 집회를 시작하게 된 것도, 2002년 3월

18일 하나님 앞에서 뜻을 같이 하는 열 네 분을 통해 사랑의 집 운영위원회가 설립된 것도, 2006년 10월 22일 세례교인 20명이 되어 전도소에서 교회로 승격이 된 것도, 2007년 12월 2일 새 교회당으로 교회를 이전하게 된 것도, 고 하라 가즈오 상의 유산 헌금을 통해 교회의 모든 부채를 마무리 짓게 된 것도, 너무나 귀한 성도님들과 스태프들과 새로운 가족이 된 것 등 오늘 여기까지 오게 하신 그 모든 것이 하나님의 은혜요 은총이 아닌 것이 없었다.

3. 내다보며 : 모두가 그 역사를 보게하라.

1) 기억하라, 기록하라, 잊지말라

하나님은 모세에게 "네 하나님께서 이 사십년 동안에 네게 광야의 길을 걷게 하신 것을 기억하라"(신 8:2)고 명하셨다. 그리고 모세는 출애굽기, 레위기, 민수기, 신명기를 기록했다. 나니와교회 20여 년은 기억해야 할 시간이다. 잊지 않기 위한 방법의 하나가 바로 기록이다. 교회 창립 20주년을 맞아 '나니와교회 이야기'를 책으로 출판하기 위한 준비를 진행했고 이제 하나님이 정하신 시간에 출간하게 됐다. 한국어로 먼저 출간 됐지만, 일본어로도 출간 되기를 소망해 본다.

이 기록의 목적은 김종현 목사님과 사모님, 가족들과 교인들, 그동안 함께 섬기고 도우신 수많은 분들의 이야기를 함으로써 그들의 노고를 기리고자 함이 아니다. 그 누구보다 쉬지 않고 수고하신 하나님의 손길을 잊지 않기 위한 기록이다. 그 손길을 기억하기 위한, 잊지 않기 위한 기록이다. 이제 이 책이 세상에 나오게 됨으로써 하나님의 사랑이 더 많은 이들과 나눠질 수 있기를 간절히 기대한다.

2) 와서 하나님의 역사를 보게 하라

나니와교회는 하나님께서 일하시는 작업장이요, 감동적인 하나님 나라의 선교현장이다. 이제 더 많은 이들이 이곳에 와서 그 현장을 보고 뜨거운 주님의 눈물을 배우며 하나님의 역사를 경험하게 해야 한다. 오늘날 세계의 희망은 성경을 그 삶의 자리에서 과격하게 실천하는 더 많은 '급진적인 크리스천들(래디컬 크리스천들·Christian Radicals)'의 출현에 있다. 더 많은 이들이 이곳에 와서 그리스도인으로서 이 세상을 거꾸로 살아가는 일에 자신을 투신하게 해야 한다. 선교적 삶을 체험하게 해야 하며, 성경을 새롭게 읽는 계기를 얻게 해야 한다. 이곳에서 거리의 현존, 고통의 나눔, 평화(복음)의 증언을 삶으로 배우게 해야 한다. 더 낮은 자를 섬기고, 약할수록 강해지며, 가난할수록 부유해지고, 살려고 애쓰는 자가 아니라 이미 자신이 그리스도와 함께 죽었기에 매일의 삶도 매일 죽는 삶임을 깨우치게 해야 한다. 쾌락과 안일을 누리기 위한 삶이 아니라 십자가를 지고 골고다를 따르는 고통스러운 삶이 바로 그리스도인의 삶임을 깨닫게 해주어야 한다. 이것이 바로 제자들의 삶이었고 초대교회 성도들의 삶이었으며 종교개혁가들의 삶이었다.

래디컬 크리스천들(Christian Radicals)은 성경 말씀을 철저하고 과감하게 실천하는 자들이다. 자신을 통렬히 부인하고 자기의 경계를 이루었던 모든 장벽을 과감하게 허물어 하나뿐인 세계의 타자들을 사랑으로 감싸 안을 수 있는 더 많은 예수의 젊은이들이 필요하다. 지구촌 최악의 삶의 현장 한 복판에서 목숨을 건 희생을 통한 화해자로서 평화를 실현하는 일을 감당할 수 있는 젊은이들이 나와야 한다. 선교도 시대적 요구에 부응하여 더 이상 공교롭게 꾸며낸 프로그램이나 감성적인 이벤트에 의존하는 사역에 집중하기 보다는 광활한 세계 현실 속으로 사랑하는 자녀들을 보내어 고통과 슬픔에 빠져있는 이들이 하나님의 사랑과 돌보심을 경험하도록 하나님의 손과 발이 되게 해야 한다. 하나님은 지금도 세계 현장 속에서 그분이 얼마나 이 세상을 사랑하시는지, 그리고 인간이 얼마나 악한 존재이며, 또한 평범한 인간이 그리스도 안에서 얼마나 위대한 하나님의 사랑의 도구가 될 수 있는지를 가르쳐 주고 계신다.

3) 새로운 시대를 준비하라

이제 나니와교회는 30주년 준비를 시작해야 한다. 앞으로 10년이 지나면 나니와교회는 새로운 시대를 맞이하게 될 것이다. 많은 변화들이 있게 될 것이다. 앞으로 10년 후를 위한 여러 준비를 해야 하겠지만 김종현 목사님의 은퇴를 앞두고 거룩한 리더십 이양은 가장 큰 변화로 작용할 것이다. 아울러 더 많은 일꾼들이 세워져야 한다. 하나님의 역사가 계속되는 교회, 더욱 겸비하여 기도하는 교회, 계속해서 말씀이 살아 역사하는 교회, 교회를 키우는 교회가 아니라 사람을 키우는 교회, 오천 명을 먹이는 교회…. 그 한복판에 리더십 이양이 있다고 해도 과언이 아니다. 예수님 공생애의 하이라이트는 십자가와 부활, 그리고 승천이었다. 예수님의 떠남은 사도행전의 시대를 열어 주었다. 모든 주의 사역자들은 주님처럼 떠날 준비를 해야 한다. 앞으로 10년, 여호수아와 같은 차세대 지도자를 세워야하고 새로운 시대를 준비해야 한다.

4. 맺는 말 : 그대가 걸으면 길이 된다

선교의 꽃은 바로 사람을 키우는 것이다. 하나님 나라 운동의 핵심 열쇠는 하나님의 사람을 키워서 모든 민족, 모든 영역으로 파견하는 것이다. 하나님 나라가 파괴된 곳, 창조질서가 깨어진 모든 곳으로 보내어 하나님의 통치를 선언하며 하나님 나라가 복원되도록 쓰임 받게 해야 한다. 선교사는 건물이나 업적을 남기는 자가 아니다. 정의를 위한 용기를 가진 이들, 평화를 일구는 희생을 기꺼이 감수하는 이들, 복된 소식을 땅 끝까지 전하는 이들을 키워내야 한다.

　예수님을 더욱 닮아가는 교회, 그 존재만으로도 일본에 감동을 주는 교회, 나니와교회가 그런 교회가 되길 바라고 하나님의 역사가 되길 소망한다. 길이 되는 교회가 있다. 혹은 잘못된 길이 되는 교회도 있다. 모든 교회는 이 세상 속으로 파송된 선교공동체이다. 교회의 존재 목적은 세상을 구원할 사명(Mission)에 있다. 세상이 교회를 위해 존재하는 것이 아니라 교회가 세상을 위해 존재한다. 에밀 브룬너의 말처럼 "불이 타오르면서 존재하듯이 교회는 선교함으로 존재한다." 선교는 교회의 핵심적인 본질이다. 동시에 교회는 선교의 핵심이다. 건강한 교회가 건강한 선교를 감당할 수 있다. 병든 교회가 병든 세상을 치유할 수는 없기 때문이다. 교회는 철저하게 선교에 의해서 재조명되어야 한다. 2017년은 종교개혁 500주년이었다. 종교개혁은 단회적 사건이 아니다. 개혁은 지속되어야 한다. 그렇다. 교회는 끊임없이 말씀과 역사 앞에서 갱신되어야 한다. 20주년을 넘어 30주년을 향해 가는 나니와교회가 부디 더욱 예수님을 생각나게 하는 성육신적인 공동체가 되어, 그 존재만으로도 세계교회와 세계선교의 좋은 길이 되어주길 소망한다.

　그대가 걸으면 길이 된다.

그대가 걸으면 길이 된다

초판 1쇄   2018년 10월 31일

지 은 이 _ 김종현
펴 낸 이 _ 이태형
펴 낸 곳 _ 국민북스
디 자 인 _ 서재형

등록번호 _ 제406-2015-000064호
등록일자 _ 2015년 4월 30일

주　　소 _ 경기도 파주시 와석순환로 307, 1106-601 우편번호 10892
전　　화 _ 031-943-0701
이 메 일 _ kirok21@naver.com
ISBN 979-11-88125-13-5 (03230)